Claudia Otte

Gestatten: SOUKI –

Französische Bulldogge

und

Prinzessin auf der

orthopädischen Matratze

Roman

*Ich widme dieses Buch Babs, meiner besten Freundin
und Ziehmama von Souki,
(verst. 19.08.2018)
In stillem Gedenken und liebevoller Erinnerung
… du fehlst …*

Danke Michael,
*du bist mein Fels in der Brandung und
… die Liebe meines Lebens !*

Das Buch

Die quirlige Französische Bulldogge Souki erzählt mit ihren Worten ihre Geschichten, so wie das Leben sie schrieb. Sie ist immer in Aktion. Sie hat es fast schon aufgegeben, ein Für-Immer-Zuhause zu bekommen. Aber dann fegt sie liebevoll und stürmisch, wie ein Wirbelwind, in ihre neue Familie und wird die neue Freundin von Karlchen, einem jungen und ungestümen Französischen Bulldoggen Rüden, der sie auf vier Pfoten trägt.

Bis eines Tages in nur einer Nacht etwas passiert, was ihr Leben, das von Karlchen und ihrer Felleltern auf eine harte Probe stellt.

Souki nimmt einen mit auf eine Reise … auf hohe Berge und in tiefe Täler.

Die Autorin

Claudia Otte, 1964 in Münster/Westfalen geboren, lebt mit ihrem Ehemann Michael und ihren zwei Französischen Bulldoggen, Souki und Karlchen, in Laer bei Münster.

Die Autorin hat bereits ein Buch veröffentlicht.

Gestatten: Karlchen - Französische Bulldogge und ein Seelenhund, erschienen 28.05.2018, Amazon.de

Inhalt

Danksagungen	7
Vorwort	9
Mamas Versprechen	11
Welpenzeit	15
Keiner will mich!	19
Mein Glück ist schwarz mit blonden Strähnchen	25
Mein Karlchen und mein neues Zuhause	35
Hundeerziehung auf soukinische Art	40
Meine Hecke ist nur für mich da	47
Ich habe nicht nur einen Namen	53
Zauberspucke	58
Ich werde erwachsen!	64
Oma ist die Beste	70
Um halb fünf ist die Welt noch in Ordnung	78
Bienen haben Stacheln	85
Grenzenlose Liebe kann auch weh tun	93
Am Ende der Regenbogenbrücke	98
Ein wichtiges Gespräch	103
Blutentnahme	108
Blutergebnisse und Diätnahrung	117
Hühnchen aufs Gramm genau	121
Mein Ausflug	125
Kastration: Für und Wider	136
Die Nacht die ALLES änderte - Teil 1	143
Die Nacht die ALLES änderte - Teil 2	150
Die Nacht die ALLES änderte - Teil 3	162
Ich bin noch IMMER da!	170
Ein neuer Tag und neue Regeln	173
Netter Besuch von einer netten Frau	179

Freunde, die man nicht persönlich kennt	184
Krallenschneiden – Heißt es Maniküre oder Pediküre?	190
Ein Hund mit Trauma braucht Liebe	199
Der Postbote kommt nur für mich	204
‚Hope'	210
Es geschehen seltsame Dinge	214
Zwei Französische Bulldoggen treffen eine Entscheidung	226
Der Fall wird gelöst	231
Die Wahrheit für die Amsel	238
Immer wieder sonntags …	248
Meine vorletzten Worte	259
Meine wirklich letzten Worte	261
Epilog von Souki	264
Epilog von Claudia	265
In stiller Erinnerung:	267

Danksagungen

Ich habe vor, allen zu danken, die mich liebhaben. Das ist nun mal meine Art. So bin ich einfach. Ich denke immer erst an die Anderen und dann irgendwann an mich.

Als erstes werfe ich ein Küsschen an meine Zieheltern, also die Menschen, die mich und meine Geschwister mit meiner Mama Sally, großgezogen haben. Weil, ohne die wäre ich nicht auf der Welt.

Zweitens möchte ich auch meinem Fellpapa danken, den ich im Übrigen nie kennengelernt habe. Ich finde es nicht schlimm. Aber trotzdem und weil es Anstand ist, Danke Fellpapa. Du warst ja nicht ganz unbeteiligt. *Grins.*

Drittens, und das ist ultrawichtig, meinen jetzigen Ellis, also meiner Mama und meinem Papa.
Sie haben mich so lieb und sie kümmern sich um mich. Sie pflegen mich, wenn ich krank bin und sie haben mir, mit ihrer schnellen Handlung an einem Tag im Mai das zweite Mal auf diese Welt geholfen, sozusagen gerettet. Ja, wirklich. Aber dazu später mehr. Und dann noch ganz speziell meiner Mama, weil sie mir in unendlich vielen Stunden ihre Finger

geliehen hat, um dass, was ihr jetzt in den Händen haltet, zu schreiben. Es war eine tolle Teamarbeit.

Dann möchte ich noch zwei Doktore-Frauen danken. Als erstes meiner Frau Doktor L., die an einem Sonntag Zeit für mich hatte. Sie hatte eine Ahnung und hat einfach gehandelt. Das ist wahre Tierliebe. Danke dafür!

Dann einen Dank an Frau Dr. W., die mich an diesem Tag im Mai auf ihrem Operationstisch gehabt hat und ein Wunder vollbracht hat. Sie hat mir das Leben auch noch mal geschenkt. Auf allen 4 Pfoten kann ich heute stehen und meine Beinchen tragen mich. Also, du nette Frau Doktor, Danke! Das vergesse ich niemals! Erinnerst du dich …? Ich habe dir einen Bully geschenkt vor lauter Dankbarkeit. Der soll dich immer an mich erinnern.

Und Papa …, wenn du das liest, danke, dass du mich immer getragen hast, keine Treppe war zu hoch und kein Weg zu weit.

Habe ich jemanden vergessen? Hm, ich weiß es nicht. Aber wenn, werde ich im Buch eine Zeile ganz **fett** machen, und das **DANKE** dann nachholen. Versprochen!

Vorwort

Ich bin Souki, mittlerweile fast 4 Jahre alt, aufgeweckt, immer voller Tatendrang und sehr aktiv. Ich bin eigentlich immer in Aktion, stillsitzen oder liegen, dass bin nicht ICH. Mein Papa nennt mich immer „Rennsemmel". Das sagt schon ALLES, oder?

Ich bin eine beigefarbene Vertreterin der Rasse Französische Bulldogge und meine Farbe nennt sich Fawn. Ich habe eine klitzekleine weiße Stelle oben auf dem Nacken, das sieht aus wie ein kleines Dreieck und meine rechte Vorderpfote ist auch schneeweiß. Meine Mama sagt immer zärtlich „Söckchen" zu mir, weil es so aussieht, als wenn ich eine weiße Socke anhabe.

Ich bin eher zierlich, habe aber einen langen Körperbau. Und ich habe kein Schwänzchen, nur so einen kleinen Wirbel, der sich immer im Uhrzeigersinn dreht, wenn ich mich freue. Das dreht sich oft, weil ich mich immer freue und stets gute Laune habe.

Ich bin auch für jeden Spaß zu haben. Meine größte Leidenschaft ist aber das Checken und Bewachen meines Heimes.

Tja, das ist nicht nur Rüdensache! Das ist auch was für uns Mädels.

Ich auf jeden Fall liebe es, dass zu bewachen, was ich liebe. Das ist doch schließlich wichtig. Da kann ich dann auch so richtig meine Stimmbänder testen.

Und zwar so richtig laut!

Ich erzähle euch meine Geschichten, mein Leben, von da wo ich ganz klein war bis jetzt.

Dass was ich euch hier schreibe ist lustig und auch traurig, weil ja das Leben einer Französischen Bulldogge auch aus Höhen und Tiefen besteht. Nun gut, bei mir sind es hohe Berge und tiefe Täler, wenn ihr die Metapher versteht. Tiefe Täler sind in letzter Zeit sehr viele da.

Ich versuche euch aber nicht zu dolle traurig zu machen.

Wenn's zu arg wird, müsst ihr einfach an folgendes denken: Hey, IHR lest es nur, MIR ist das alles wirklich passiert.

Und nun fange ich mal an …

Ich nehme euch mit … auf meine Reise.

Mamas Versprechen

Bevor ich anfange mit der Zeit, wo ich klein war, muss ich noch etwas loswerden.

Vielleicht hat einer von euch ja das Buch von meinem Karlchen gelesen oder davon gehört. Ich habe beim Schreiben mitgefiebert und ich war eigentlich fast immer dabei. Am Puls des Geschehens sozusagen und ich war auch dabei, als der Knopf gedrückt wurde, damit alle Menschen seine Geschichten lesen konnten. Nachdem dieser Knopf gedrückt und Karlchens Buch von vielen Menschen gelesen wurde, war auch er plötzlich richtig berühmt. Alle erzählten nur von ihm und mein kleines Herz wurde schwerer und schwerer. Warum gab es von mir kein Buch? Ein Buch mit meinen Geschichten, ganz allein nur für mich!

Klar, ich freute mich total für Karli, wirklich, aber ich war auch ein wenig neidisch. Das musste ich ganz unumwunden zugeben. Weil, ich bin ja auch ehrlich.

Ich versuchte natürlich nicht neidisch zu sein, eigentlich war ich stolz wie Oskar, sagt man das dazu?

Mein Karlchen ist auf jeden Fall einen Meter größer geworden, als Mama ihm „sein" Buch gezeigt hatte. Er war auch mit seinem Bild vorne auf dem Buch drauf.

Ich bin immer noch stolz ... und, wie schon gesagt, auch ein klein wenig neidisch.

Erstens, weil Mama und Papa die ganze Zeit um ihn herumgetänzelt sind und zweitens, hey, ich hätte auch gerne so ein Buch von mir. Mit vielen Seiten und meinem Bild vorne drauf.

Ich habe dann, in einer stillen Stunde, mal mit meinen Ellis geredet.

Ellis, ihr fragt euch was das ist? Das sind meine Eltern, also die Menscheneltern, die mir Futter und so geben. Die für mich sorgen und mich liebhaben. Alle meine Kumpels, auch Französische Bulldoggen, die ich kenne, nennen sie so.

Also, ich mit denen so geredet, da war ich stehen geblieben. Ich war ganz ernst dabei, fast schüchtern.

„Duuuu, Mama."

Ich zog das ‚Du' ganz lang, weil mir das Fragen irgendwie ein wenig peinlich war.

„Ja, Souki, Maus, was ist?"

Mama zog nix lang, kein einziges Wort.

Hm, ich überlegte kurz, ob das gut oder schlecht war.

Mama kam mir zuvor.

„Jaaaaa, Schatzi, was ist."

Ah, da war es! Jetzt ist die Kommunikation in Gang gebracht worden.

„Duuuu."

„Jaaaaaaaaa."

Mist, jetzt brachte ich kein Ton außer „Ja" mehr raus.

Ich setzte trotzdem noch einmal an.

„Du Mama, der Karli, der hat sein eigenes Buch!"

„Ja Schatzibär, der hat sein Buch geschrieben. Los, Mausi, was willst du mir sagen?"

Hm, jetzt stand ich da, hatte meine linke Lefze so hochgeschoben, weil ich mega verlegen war, und meine Zähnchen kamen auf der linken Seite zum Vorschein.

„Souki, du siehst ein wenig scheel aus."

Mama streichelte mir über den Kopf und mit einer kleinen, schnellen Bewegung mit ihrem Finger an meiner Lippe, *Zack*, waren die Zähnchen wieder bedeckt.

„Mama, du ...", und dann schoss es ganz schnell, eigentlich kaum verständlich, aus mir raus.

„IchwillauchsoeinBuch."

Mama lächelte und streichelte wieder meinen Kopf.

Hieß das NEIN, du kriegst kein Buch? Mist, war das jetzt ‚streicheln statt Buch'.

„Souki, weißt du was, du kriegst auch dein eigenes Buch. Mach dir keine Sorgen. Und, dass du jetzt so süß vor mir stehst und danach fragst, weißt du, das wird sofort das erste Kapitel deines Buches werden."

Mama lächelte wissend und wenn ihr das hier lest und ein Buch mit meinem Bild darauf in den Händen haltet, ja dann, hat sie ihr Versprechen gehalten.

Ich weiß auf jeden Fall, dass ich mir sehr viel Mühe mit dem Schreiben gegeben habe. Ich werde euch, genau wie Karlchen auch, alles so wahrheitsgemäß und schillernd (*ich habe die Worte nicht geklaut*) erzählen, als wäret ihr dabei gewesen (*doch geklaut vom Karlchen*).

Also wünsche ich euch viel Freude beim Lesen.

Ich für meinen Teil bin ja fertig mit meiner Arbeit, mit dem Schreiben und so, deswegen lege ich mich jetzt gaaaaannz entspannt zu Karlchen auf oder unter die Decke und genieße meine Zeit des Nichtstuns.

Welpenzeit

Am 23.10.2014 erblickte ich diese Welt. Ohne Licht! Meine Augen waren noch zu. Ich hörte auch nichts. Irgendwie waren warme Hände um mich, hielten mich.

Dann war ich wieder an einem warmen Körper, der meiner Fellmama Sally.
Ich fühlte mich sehr wohl. Obwohl alles dunkel um mich war, hörte ich jedoch Geräusche. Und da war auch ein Geräusch in mir drin. Etwas das pochte. Das hörte ich und ich fühlte es *„Bumdibum dibum"*. Was war das? Es war so schön gleichmäßig und wenn ich länger in mich hinein hörte, machte es mich schläfrig.
Alles um mich war mit Wohlwollen und Wärme umgeben und so ließ ich mich in der Zeit treiben. Dieses treibenlassen ging eine ganze Zeit weiter so. Wie lange, das weiß ich nicht.

Nach noch einer weiteren Zeit, öffnete ich zaghaft erst ein Auge, dann das andere. Ich sah verschwommen meine kleine, große Welt.

Ich lag in einem riesengroßen Gehege. Dort lag ich mit meinen Geschwistern, die ich noch nicht kannte und meiner Fellmama auf warmen Decken. Die Fusseln der Decke kitzelten mein kleines Näschen. Ich fühlte die Decke auch unter meinem Bauch und an meinen Pfoten. Ich sah und roch meine Mama und robbte mich zu ihr rüber. Ich konnte schon diese leckere Flüssigkeit an ihrem Bauch riechen. Und *Schwups* … hatte ich einen von diesen Knubbeln in meiner Schnauze und zog genüsslich dieses Zeug in mein kleines Maul. Hm, das war so lecker. So lecker, dass ich gar nicht aufhören konnte.

So verging wieder eine Zeit. Trinken an Mama, kuscheln bei Mama und schlafen. Das Leben, mein Leben, das gerade erst angefangen hatte, konnte nicht besser sein.
Ich lernte meine Geschwister kennen und lieben. Nun ja, lieben ist immer relativ, oder? Man muss als kleiner Hund, äh, Welpe ja immer um den besten Platz an den Knubbeln von Mama kämpfen.

Meine Geschwister lagen alle tiefschlafend neben mir, als ich zu meiner Fellmama kroch. Und ich war echt leise mit dieser Robberei. Ich hatte Hunger und als ich den Knubbel in meiner Schnauze hatte, trank ich wohlig die leckere Milch.
Plötzlich stupste mich mein Bruder Bobo an. Den kannte ich nun schon eine Weile und ich mochte ihn.

Der war wirklich nett und lieb. Man konnte herrlich mit ihm spielen und kuscheln.

Er kam von rechts und wollte MEINEN Knubbel haben.

Grrrrrr.

Ich war noch lange nicht satt.

Und dann kam zu allem Überfluss noch von links die Britny. Nee, Nee, Nee. Der Kampf um die Milch hatte begonnen.

Warum waren die zwei wach geworden?

Hatte ich zu laut geschmatzt?

Alles ziemlich blöd, dachte ich noch so bei mir.

Und dann ... war mein Knubbel ... einfach weg! Ich überlegte kurz, ob mein Magen voll war, also ich satt war. Ich merkte noch ein kleines, klitzekleines Grummeln und hörte ganz tief in meinen Bauch hinein ... alles gut, das reichte wohl. Kein Grummeln mehr.

Also weg von den Knubbeln und ab zu Mamas Schnauze. Nach dem Trinken leckte sie einen so ganz lieb ab. Das wollte ich jetzt und zwar bevor die anderen mit dem Trinken fertig waren.

Also machte ich mich auf, diesen langen Weg vom Bauch meiner Mama, über meine Geschwister krabbelnd zu ihrer Schnauze. War das ein langer Weg. Aber wie schön, wenn man es geschafft hatte. Ich legte mich mit einem leisen Fiepen zu Mamas Kopf. Und schon fing sie an mich zu lecken, zu stupsen und zu liebkosen. Tja, das war der ganz große Vorteil, wenn man die Erste war mit dem Trinken. Dann bekam man auch zu allererst die Streicheleinheiten. Klever, oder?

Nachdem meine Fellmama mich ausgiebig geputzt hatte, musste ich mal für kleine Mädels. Ihr wisst schon. Möchte ich jetzt nicht näher drauf eingehen. Als das auch erledigt war, schlief ich schon wieder ein.

Meine letzten Gedanken waren Knubbel, lecker Milch und meine Fellmama.

Ich schlief eng umschlungen mit meinen Geschwistern, ganz nahe bei meiner Mama, ein und träumte einen tollen Traum von … ich kann ja nicht alles verraten.

Ich kann euch nur eines noch verraten.

Meinen Namen!

Ich bin nämlich die Bubbles. Noch …

Keiner will mich!

Die nächste Zeit verstrich. Sie verging rasend schnell. Meine Brüder und Schwestern waren eine super tolle Rasselbande. Wir haben viel Mist gemacht. Wir waren ein eingeschworenes Team. Ich liebte sie alle.

Bobo und Britny waren meine zwei Lieblinge. Wir drei waren eigentlich immer zusammen. Wir haben uns manchmal auch den gleichen Knubbel geteilt. Also den an Mamas Bauch. Wir haben alles zusammen gemacht. Das Gehege erkundet und gespielt.

Dieser eingezäunte Raum wurde für uns übrigens im Laufe der Zeit immer kleiner. Meine Ziehmama sagte mir einmal, als ich sie darauf ansprach:

„Du, das wird nicht kleiner, ihr werdet nur größer!"

Und sie hatte Recht. Erst passten wir noch in die Hand unserer Ziehmama. Wenn sie uns wog, konnte ich mich in einer Hand von ihr richtig reinkuscheln. Jetzt waren wir schon so groß, dass sie zwei ihrer Hände brauchte, um uns zu tragen.

Als die Zeit wieder ein Stückchen weitergezogen war, kamen Menschen, so wie meine Ziehmama, also die, mit nur zwei Beinen.

Sie hoben Britny und auch Bobo hoch. Sie schauten sich alle meine Geschwister an. Auch mich haben sie gestreichelt und an sich gedrückt.

Ganz viele von diesen Menschendingern kamen. Ich wusste gar nicht, was das sollte. Klar, es war schon irgendwie super spannend. Die Menschen brachten Gerüche mit, die wirklich alle ganz toll waren. Aber jedes Mal, wenn die wieder weggingen, war auch ein Bruder oder eine Schwester weg. Ich konnte es nicht fassen, nicht glauben.

Diese Menschendinger nahmen mir ein Geschwisterchen nach dem anderen weg.

Ich war traurig und ich war verletzt. Ich konnte mit diesen Gefühlen und mit dem Verlust nichts anfangen, außer das es verdammt schmerzte.

Es schmerzte so, wie als wenn ich mit ihnen gespielt habe und so zum Spaß, also im Spiel hat einer mich gebissen. Wohlbemerkt im Spiel. Da wird dann auch sofort losgelassen.

Aber dieser ziehende Schmerz, welchen ich jetzt spürte war tiefer, so in mir drin. Da wo es immer *„Bumdibum dibum"* machte. Da wo es immer klopfte in meiner Brust. Was war das für ein Schmerz? Es tat so weh. Ich hatte Angst, dass meine Fellmama auch irgendwann weg war. Ganz viele Gefühle und ganz viel Schmerz.

Ich war jetzt zwölf Wochen.

Nur mal so zur Info, Bobo war ebenfalls weg. Ich sage das jetzt mal einfach so.

Er wurde vor zwei Tagen von diesen Dingern auf zwei Beinen mitgenommen. Einfach entführt. Weg. Schlimm.

Ich zitterte.

Meine Ziehmama hatte mich lange auf ihrem Schoss gehabt und ganz viel gestreichelt. Das half ein wenig. Und dann waren ja auch noch meine Fellmama Sally und meine Schwester Britny und Alessa meine Tante, Aron mein Onkel und noch die Pages da. Wir waren ein sehr imposantes Rudel, bestehend aus sechs französischen Bulldoggen.

Ich war nicht allein, nein, aber trotzdem, es tat weh.

Ich wurde vierzehn Wochen und immer noch war ich mit meiner Fellfamilie und meinen Zieheltern zusammen. Es kamen immer wieder diese Zweibeinermenschen.

Meine Ziehmama war inzwischen sehr wählerisch geworden, was das neue Zuhause für Britny und mich anbelangte. Es kam tatsächlich vor, dass Menschen anriefen und schon am Telefon fragten:

„Die Welpen sind ja jetzt schon ein wenig älter, können sie da nicht am Preis was machen?"

Oder es gab auch Menschen, die wollten einfach einen Hund. Ich mach da mal jetzt direkt einen Punkt hinter. Die hatten noch nicht einmal eine Kontaktaufnahme mit mir oder Britny gesucht, geschweige denn gemacht.

Ihr wisst was ich meine, oder? Ja, ein Streicheln. Ein kleiner, zarter Liebesbeweis. Dass ich oder Britny ihr Hund werden sollte, weil sie sich unsterblich in uns verliebt hatten. Nix, sage ich euch. Gar nichts von solchen Sachen.

Tja, und da war meine Ziehmama eben sehr wählerisch geworden, was unser neues Zuhause betrug. Es sollte schließlich ein Für-Immer-Zuhause werden.

Sie nahm mich und meine Schwester zur Seite und streichelte uns ganz lieb.

„Och Ihr zwei, die Menschen, die euch lieben, die gibt es irgendwo auf dieser Welt. Wir werden jetzt nicht mehr suchen. Und wenn es so ist, dass euch keiner haben will und die, die euch haben wollen, euch nicht kriegen, dann bleibt ihr hier bei uns."

Zack, und da gab es auch nix mehr zu diskutieren.

Ich ging zu Britny und stupste sie an.

„Du, kommst du mit? Hinten in den Garten in unsere Ecke?"

„Was willst du? Spielen?"
„Nee, ich bin so traurig, alle sind weg. Ich muss einfach mal raus hier."
„Klaro, Bubbles, komm, wir gehen."

Wir sind dann in den Garten, in unsere Ecke gegangen. Da hatten wir ganz still und heimlich ein paar unserer Spielsachen hingelegt. So für Notfälle, wie diesen. Wir schoben uns erst ganz vorsichtig den roten Ball zu. Das ging eine ganze Weile. Dann rollte der Ball plötzlich in eine Senke vom Rasen. Britny und ich sind hin gestürmt und da ging's dann richtig los. Es wurde stürmisch gespielt und wir vergaßen alsbald unsere Traurigkeit.

Später, als wir im Haus waren, eng aneinander gekuschelt an uns und unsere Decken, da keimte diese Traurigkeit noch einmal auf.

Ich schaute Britny an. Sie schlief schon. Ich erinnerte mich an die Worte meiner Ziehmama.

„Dann bleibt ihr hier, bei uns".

Dieser eine, wunderschöne Gedanke, ließ mich einmal richtig tief einatmen, so mit einem Seufzer und dann schlief ich ein.

Meine Träume, verrate ich euch diesmal wirklich gerne.

Keine schönen Träume. Die waren meiner Situation eher angepasst.

Im Schlaf zitterte ich.
Ich war ganz allein auf einer Wiese.
Allein mit meinem roten Ball.
Ich wollte spielen.
Aber da war keiner.
Und dann weiß ich nicht mehr weiter, weil ich dann wohl ohne Traum weitergeschlafen habe.

Mein Glück ist schwarz mit blonden Strähnchen

Und dann kam einer dieser Tage. Eigentlich kein besonderer Tag. Doch war da etwas, was ich nicht beschreiben konnte. Es lag etwas Knisterndes in der Luft. Man konnte es nicht sehen, man konnte es nur spüren. Es kribbelte an meinem kleinen weißen Dreieck im Nacken.

Das Telefon schellte.
Meine Ziehmama hatte lange mit dem Hörer gesprochen, den sie an ihr Ohr hielt. Sie war sehr aufgeregt.
Ich roch das. Da war etwas, wo wir Hunde aufhorchen. Da haben wir super Antennen für.
Also, meine Ziehmama war immer noch mit dem Hörer beschäftigt. Ich hörte sie noch sprechen.
„Ja, klasse, ich freue mich. Ja natürlich, gerne. Sofort? Ja, das passt super. Ja, Tschüss. Dann bis gleich."
Ich verstand nur Bahnhof, Bahnhof und nochmals Bahnhof.
Ich roch nur diese Aufgeregtheit meiner Ziehmama.
„Was ist denn los?"
Ich fing an vor Aufregung zu zittern.

Meine Ziehmama saß auf dem Sofa, lächelte und klopfte auf den Platz neben ihr. Ich sprang sofort zu ihr hoch. Sie nahm meinen Kopf zwischen ihre Hände und wuschelte mir diesen liebevoll.

„Bubbles stell dir vor, da war gerade ein voll netter Mann am Telefon. Der hat unsere Anzeige wegen dir gesehen. Also die von Britny und dir. Ich habe lange mit ihm gesprochen. Die kommen gleich und wollen euch beide besuchen."

„Hm, echt. Ich weiß nicht. Hier ist es doch schön. Alles gut. Mir geht's prima."

Ich verstand ihre Aufregung nicht so richtig. Uns ging es doch super gut hier. Uns besuchen? Ich ahnte ganz tief in mir drin, dass wieder Menschen einen von uns entführen wollten. Dass hieß wohl, dass entweder ich oder Britny gleich weg waren. Änderungen sind nicht immer gut, dachte ich bei mir. Ich wollte da auch gar nichts mehr von wissen und ging lieber wieder zu Britny, spielen. Jede Sekunde, so wie es ist, auskosten.

Dieser Geruch von meiner Ziehmama hing noch wabernd im Raum und beunruhigte mich sehr.

Es gab auf einmal ein geschäftiges Treiben. Es wurde aufgeräumt und gemacht und getan, es war sehr aufregend alles. Mich zog es mit der ganzen Fellfamilie indes nach draußen in den Garten.

Was hatten wir für einen Spaß. Ich zog mit Britny meine Runden. Wir jagten uns gegenseitig und schlugen richtige große Bogen. Wenn ich eine Drehung machte, flog der Rasen hinter mir hoch und ich sprang aufs Neue zu Britny. Auch Aron und Alessa machten mit bei dem Spiel.

Ein klein wenig später bekam ich vage mit, dass wieder Menschen da waren. Das waren wohl die, mit denen meine Ziehmama eben mit dem Hörer gesprochen hatte.

Da standen auf jeden Fall zwei Menschen, noch hinter dem Zaun, vor dem Tor. Und an der Leine der Frau, war ... eine wunderschöne Bulldogge, eine Französische, wie ich. Ein Rüde! Ich gebe zu, voll hübsch der Bub. Er war ganz dunkel und hatte so blonde Strähnchen im Fell und einen kecken Blick.

Schaute er zu mir? Er starrte mich an. Echt. Mich? Ich musste den Blick woanders hinlenken. Ab wohin? Ich war aufgeregt. Ich schaute zu Britny und schoss auf sie zu, um meine Runden zu drehen, um bloß nicht zu großes Interesse zu zeigen. Wo war er denn? Mist, Bubbles, dachte ich bei mir, das ist jetzt echt zu auffällig.

Ich versuchte meine Drehungen so zu gestalten, dass ich immer einen kurzen Blick auf den Rüden werfen konnte.

Die Frau, die ihn an der Leine hatte, bückte sich gerade und machten die Leine vom Halsband ab. Und schon schoss der Blödmann auf mich zu! Nee, hey, lass das bloß, das ist uncool.
Oh Mann, er lief genau in das Rudel rein. Aron und Alessa hatten sich schon wie eine lebende Barriere vor ihm aufgebaut.
Ich hörte, wie sie mit ihm redeten. Ich hörte aber leider nicht was.

Aron und Alessa schlichen um diesen Rüden herum. Sie redeten wohl weiter mit ihm.
Ich konnte nichts, aber auch gar nichts hören und so entschied ich mich, weiter mit Britny meine Runden zu drehen, vielleicht bekam ich ja im Vorbeihuschen irgendwas mit.
Bei einer nächsten Runde sah ich, dass Aron und Alessa ihn beschnupperten.
Ich beschloss, noch eine Runde zu drehen, dabei rannte ich auf den Rüden zu, machte dann einen Schlenker und so einen Bogen hinter ihm und lief dann mit Britny weiter. In der letzten Drehung wagte ich einen Blick in seine Richtung. Nur ganz

kurz, aber unsere Augen trafen sich. Ich wagte ein kurzes Lächeln.

Ich blieb in einiger Entfernung stehen. Ich sah wie ER wieder mit Aron sprach und dann zu meiner Fellmama Sally rüber schauten.

Und dann rannte der Rüde wieder zu seinem Frauchen. Ich verstand das alles nicht. Wollte er schon wieder gehen?

Nein, er rannte wieder zu Aron. Was war denn da los? Ich konnte nicht mehr still hier stehen bleiben.

Ich rannte zu Britny.

Ich schaute noch einmal in SEINE Richtung.

Er kam auf mich zu!

Ich blieb stehen. Schlagmals und sofort.

Er blieb in einiger Entfernung stehen, um dann langsam auf mich zuzugehen.

Ich war so was von aufgeregt. Ich beschloss ihn ganz keck anzuschauen. Direkt in seine Augen. Es traf mich wie ein heller Blitz.

Wir beschnupperten uns. Um die Situation und unsere Aufgeregtheit irgendwie zu überbrücken, beschloss ich los zu rennen. Er ist direkt hinter mir her.

Tja, und dann sind wir zwei einfach über die Wiese gelaufen. Wir haben ein Fangspiel gemacht. Mit einem Bogen lief er hinter mir, wo er versuchte mich zu fangen, dann wieder eine Drehung und ich jagte ihn. Oh, war das schön. Ich bin ganz schön ausgelassen gewesen und hab richtig Gummi gemacht. Er hatte manchmal richtig Mühe, mich einzuholen.

Ich hatte dann eine kleine Pause gemacht, damit er sich erholen konnte. Ich legte mich ins Gras.
Er legte sich zu mir und knabberte an einem Grashalm. Das sah süß aus, wie er das machte.
„Hallooooo", flötete ich „wer bist du denn? Hab dich hier noch nie gesehen."
„Hallo Bubbles."
Er schien sehr aufgeregt zu sein. Das roch ich sofort mit meiner feinen Nase.
„Ich heiße Karl."
Ach Gottchen, er war richtig aufgeregt. Ich musste ihn irgendwie ein klein wenig entspannen.
„Hi Karl, schön das du hier bist. Man kann ja super mit dir spielen. Was ist der Grund deines Besuches?"
„Och, meine Menschen suchen eine neue Freundin für mich. Wir sind nach hierhin gekommen, damit ich mir eine neue Freundin aussuchen kann."
„Eine neue Freundin, hattest du denn eine alte Freundin?"
„Ähm, nein, meine Freundin, eine kleine Katze, ist vor kurzem verstorben, weiß du. Und damit ich

nicht so allein bin, suchen sie jemanden, der mit mir spielen kann."

„Oh, dass tut mir leid mit deiner Freundin, echt. Also meine Geschwister sind alle schon weg. Nur Britny und ich sind noch hier. Wir werden bald ausziehen müssen. Es wird Zeit. Mich wollte bis jetzt keiner haben. Dabei bin ich echt eine liebe Bulldogge."

„Das versteh ich nicht, dich wollte keiner haben?"
Ich schaute ihn ein wenig traurig an.
„Nein, kannst du dir das vorstellen Karl?"
„Nee, nicht wirklich. Ich finde dich super."
Ich schaute ihn an.
Irgendwie war ER mir so vertraut. Da war so ein Gefühl. Etwas Warmes. Etwas tief in mir drin. Dort wo es „*Bumdibum dibum*" macht. In meiner Brust.

Wir sind dann noch ein paar Mal durch das Gras gesprungen und er schaute mich unentwegt an.

Plötzlich rannte er zu seinem Frauchen. Nee, nicht schon wieder.

Britny schoss auf mich zu und wollte mich zum Spielen animieren.

Bei einer nächsten Drehung sah ich Karl bei seinem Frauchen stehen und so komische Drehungen machen. Wieder nur Bahnhof! Dann stürmte er urplötzlich zu mir.

„Hey Bubbles, mach mit, los, vertrau mir. Versuch mich zu fangen."

Ich schaute ihn fragend an, stürmte aber mit einem frechen Blick sofort hinter ihm her. Wir sprangen und spielten unser Fangspiel.

Ich drehte mich, Karl schlug seinen Haken.

Und dann rannte er wieder zu seinem Frauchen.

Wieder verstand ich nur Bahnhof!

Mit einem erneuten Blick zu Karl, sah ich ihn wie wild drehend und seinen Po in beide Richtungen schmeißend seinem Frauchen wohl einen Tanz vorführen.

Da, er rannte schon wieder zu mir. Na endlich, dachte ich.

Er kam - ein klein wenig außer Atem - auf mich zu.

„Hey Bubbles, stell dir vor, wenn du magst, wenn du willst, ach wie soll ich es sagen, Kleine? Ich habe gerade mit meinen Menschen gesprochen. Stell dir vor, die interessierten sich tatsächlich für deine Schwester. Ich habe ihren Namen vergessen. Hm, aber nun, sie wollen DICH. Ich will DICH auch."

Er war ganz aufgeregt, und mein Brustklopfen wurde lauter.

„Also, wenn du willst, kannst du meine neue Freundin werden. Willst du Bubbles?"

Ich verstand es diesmal!

Ich vergaß den ollen Bahnhof und freute mich so unendlich. ER hatte sich für mich entschieden.

Ich verstand allmählich die Zusammenhänge. Er hatte um mich gekämpft. Deswegen ist er immer wieder zu seinem Frauchen hingerannt. Er will MICH. Und seine Menschen wollen mich auch. Ich konnte es nicht glauben. Ich war so überglücklich.

Meine Brust klopfte immer noch ganz dolle.

Da war wieder das *„Bumdibum dibum"*. Und wieder dieses warme Gefühl.

Karl und meine ganze Fellfamilie haben noch eine ganze Zeit im Garten gespielt. Alle verstanden sich mit ihm. Er war aber auch charmant. Er wusste genau, wem er was zu sagen hatte.

Ich habe dann auch ausgiebig mit meinen - hört sich das nicht toll an - neuen Felleltern gespielt.

Sie haben mich auf den Arm genommen und geherzt. Sie haben sogar das Nasenspiel mit mir gemacht. Also ihre Nase an meine Nase. Und dann habe ich ihnen ganz schnell ein Küsschen gegeben. Diese Zweibeiner waren total lieb. Sie haben sich sehr lange nur mit mir beschäftigt und ich konnte sie in Ruhe kennenlernen.

Ich war überglücklich. Ich konnte es nicht fassen, dass ich so ein Glück hatte, dass sich Menschen und ein Französischer Bulldoggenrüde für mich interessierten und mich wirklich in ihre Familie aufnehmen wollten. Sie hatten sich tatsächlich für MICH entschieden.

Als Karl mit *unseren* - hört sich auch toll an - Felteltern wieder gefahren war, lag ich an diesem Abend noch lange wach. Am nächsten Tag wollte mich meine Ziehmama zu meinen neuen Eltern bringen. Also war das heute, die letzte Nacht hier bei meinem Rudel und meinen Zieheltern.

Das stimmte mich dann ein wenig traurig. Das war zum einen das pure Glück und die Freude auf meine neue Familie und zum anderen die Traurigkeit, dass ich mein Rudel verlassen musste. Das ist wie Erdbeeren mit Senf. Zwei so gegensätzliche Gefühlseindrücke, wie Druck und Gegendruck. Wie Weinen und Lachen.

Die letzte Nacht. Und dann war ich in meinem neuen Zuhause.

Wie es wohl wird.

Was erwartet mich dort?

Ich wusste was mich erwartete: Karlchen.

Und glücklich schlief ich ein.

Mein Karlchen und mein neues Zuhause

Am nächsten Morgen hatte ich wieder diese zwei Gefühle in meiner Brust. Traurigkeit, weil ich mein Rudel und meine Zieheltern verlassen musste und dann diese unendliche Leichtigkeit und Freude auf Karl und mein neues Zuhause.

Meine Ziehmama bürstete mein Fell noch einmal, bis es noch seidiger glänzte. Sie legte mir ein neues Halsband und eine neue Leine in einem leuchtenden Türkis um. Das hatte sie extra für mich besorgt. Für den großen Tag des Auszuges.
„Bubbles, das steht dir richtig gut. Ich wusste sofort, als ich die Farbe sah, das ist für dich allein gemacht."
Ich fühlte mich auch gut. Ich war bereit, sowas von bereit, endlich ich mein neues Zuhause zu fahren.

Und dann kam der Abschied. Von meiner Fellmama, meiner Schwester und dem ganzen Rudel. Es war schlimm, aber meine Ziehmama versprach uns, dass wir uns alle bald wiedersehen würden. Das erleichterte mir das Weggehen. Ich schaute mich dann auch nicht mehr um, als wir gingen. Oder, vielleicht doch? Ja, als wir zum Auto gingen, drehte ich noch einmal meinen Kopf. Da standen sie alle, mein Rudel. Sie standen aufgereiht am Zaun und blickten zu mir. Ich hätte gerne noch ein freundliches Tschüss-Bellen hervorgebracht. Aber meine Kehle war wie zugeschnürt. Aaron hob ganz kurz den Kopf ein wenig, um ihn dann langsam wieder zu senken. Ich verstand. ‚Kopf hoch', hieß das, ‚freu dich, alles gut, gib acht auf dich'. Ich versuchte zu lächeln. Ich musste meinen Kopf wieder drehen, um ins Auto gehoben zu werden. Da durchs Fenster, da sah ich sie noch einmal. Und dann lächelte ich allen am Zaun zu. Und nun erwartete mich mein neues Leben.

Ich beschloss im zarten Alter von fast fünf Monaten, stolz und ganz hoch erhobenen Hauptes, also eine stolze französische Bulldogge, in ihr neues Zuhause zu gehen oder besser gesagt zu flitzen. Im Eiltempo ohne Halten und ohne noch einmal zurück zu blicken.

Es war eine ultralange, nicht enden wollende Fahrt. So weit bin ich von meinem Rudel weg, dachte ich. Hm, das ist schon echt weit. Aber bloß keine blöden Gedanken aufkommen lassen.

Wir kamen dann irgendwann an. Meine Ziehmama hielt vor einem Haus. Vor dem Haus standen sie schon, die Frau, der Mann - meine neue Familie und ... KARL.

Ich habe mich so unendlich gefreut.

Das Ding in meiner Brust machte wieder dieses Klopfen.

Egal dachte ich mir. Da achte ich jetzt nicht drauf. Es war so unbeschreiblich schön, das Wiedersehen mit Karl und die Liebe von den zwei Menschen, dass ich gar nicht mitbekam, dass meine Ziehmama auf einmal weg war.

Ich beschloss darüber jetzt auch gar nicht nachzudenken und mein neues Leben anzufangen und einfach zu genießen.

Karl war immer bei mir. Er ließ mich keine Sekunde alleine. Er war so reizend und lieb. Er hat mir jeden Wunsch von den Augen abgelesen. Er hat mir alles gezeigt und mir schon die ersten Kommandos von Mama und Papa - klingt das nicht super - beigebracht. Ja, ich habe jetzt eine Mama und einen Papa und einen ganz verliebten Karl. Ich habe jetzt endlich ein Für-Immer-Zuhause.

Alles in allem ist es super in meinem neuen Heim. Manchmal, wenn ich durch die Zimmer gehe, rieche ich noch einen anderen Geruch. Der ist definitiv da, ganz schwach, so als wenn vor einiger Zeit noch jemand auf vier Pfoten hier gelebt hatte.

Dann erinnerte ich mich, dass Karl mir erzählt hatte, dass es hier einmal eine kleine Katze gab, die Mandy hieß. Ich rieche sie manchmal noch. Schwach, aber ich rieche sie. Mama hatte mir dann auch ihre Urne gezeigt. Die steht in einem Regal. Davor brennt immer eine Kerze. Natürlich keine echte.

Ich hätte sie gerne kennen gelernt, denke ich dann so bei mir, wenn ich versonnen auf meiner Decke liege und ihre Urne anschaue.

An diesem Abend, lag ich tatsächlich in den Armen meiner Eltern in ihrem großen Bett. Es hatte eine kleine Diskussion wegen dem Schlafen von Hunden in Menschenbetten gegeben. Das hatten Karli und ich aber souverän gelöst. Das war eine echte Teamarbeit.

Ich lag also in diesem kuscheligen Bett, Karlchen ganz nah bei mir und Mama und Papa haben uns gestreichelt. Wir haben alle vier gekuschelt. Die Liebe, die unsere Menschen uns zeigten, war in dem ganzen Raum.

So bin ich eingeschlafen.
Ganz tief.
Mit einem tiefen Seufzer der Zufriedenheit.
Ich war auf einer großen grünen Wiese.
Karlchen war da und auch meine Mama und mein Papa.

Sie warfen uns rote Bälle zu.

Wir sprangen, hüpften und liefen dem Ball hinterher ... und dann ... puh ... er war so schön, mein Traum.

Musste ich wirklich irgendwann wach werden?

Hundeerziehung auf soukinische Art

Es war wieder eine Zeit vergangen. Zeit, die so voller Glück war, dass ich es morgens gar nicht abwarten konnte, aufzuwachen und den Tag neu zu beginnen.

Karli und ich lebten in unserer kleinen Bullywelt mit unseren Ellis sowas von bullyzufrieden, dass man es in Worten - ob mündlich oder schriftlich - nicht ausdrücken kann.

Karlchen zeigte mir alles, was wichtig war. Das Haus, den Garten, die Oma und ihren Hund Bijou, die besten Pippi Ecken und auch die besten Ecken für das große Geschäft.

Und ich lernte meine Ellis richtig gut kennen. Am Anfang habe ich mich immer sehr zurückgehalten, weil Karlchen ja die älteren Rechte hatte. Ich bin da eher so eine stille Beobachterin. Wenn der Karli bei der Mama lieb Bitte-Bitte machte, um ein Leckerchen zu bekommen, dann setzte er sich so vor sie hin und legte den Kopf ganz schief. Seine Augen machte er ganz groß auf und das Tüpfelchen auf dem ‚i' ist die hochgezogene Lefze, so dass man die Zähnchen auf der Seite sieht. Das ist ganz großes Kino, wenn man zuschaut. Er schaute mich dann, so mit schrägen Augen von der Seite an.

„Hey Kleine, mach mit, mach es genauso wie ich."

Flüsternd leise raunt er es mir zu, fast ohne seine Lefzen zu bewegen.

Ich machte das dann nach und dann, ja dann, gab es Leckerchen bis zum Abwinken. Dann wird noch ein Pfötchen gegeben. Dann Sitz, Platz, das ganze Spektrum an Kommandos. Ich hatte da so unendlich viel Spaß dran. Und nicht nur wegen den Leckerchen, nein ich mochte es, mir solche Sachen von Karlchen abzugucken.

Mama machte gerade mit einer flachen Hand nach unten das Kommando Platz.

Karlchen legte sich flach auf den Boden.

Ich schaute mir das an und wartete auf mein Kommando.

Mama schaute von Karli zu mir, hob ihre flache Hand und leise sagte sie

„Souki, Platz."

Und ich legte mich, mit wachen Augen zu Mama blickend, langsam hin.

„Fein Souki."

Und dann gab es ein Leckerchen. Für jeden.

Mama lächelte und legte mit den Worten „Achtung" ein Leckerchen vor unserer Schnauze auf den Boden. Dann hob sie mit der hochgestreckten Hand den Zeigefinger nach oben.

Das hieß ACHTUNG.

„Beide, WARTEN".

Und dann war Warten angesagt. Das kennen Karlchen und ich schon.

Wir schauten sie an. Ganz wachsam, nur auf ihre Augen achtend.

Immer noch nichts.

Einige endlose Sekunden weiter.

Mamas leises „Go" hörten wir sofort und dann schnappten wir uns, dass vor uns liegende Knabberstück.

Das übte Mama oft mit uns, denn sie will nicht, dass wenn wir draußen irgendwas finden, was vielleicht nicht so gesund für uns ist, das nicht aufnehmen vom Boden. Und womöglich sogar fressen. Und dann krank werden. Nicht auszudenken. Deswegen kommt nach der Übung „Go" noch das „Nein, raus". Das war, wenn wir auf dem Weg in die Küche waren und da lag ein kleines Blatt oder so. Klar oder, das war *schwups* in unserem Maul verschwunden. Eben typisch Französische Bulldogge. Dann habe ich manchmal so die Vermutung, dass Mama das extra hingelegt hatte, damit wir üben können.

Wenn ich dann das Blättchen in der Schnauze hatte, sagt Mama „Souki, NEIN, Raus". Und dann lass ich das sofort wieder aus meinem Maul plumpsen, weil das Leckerchen, was Mama in der

Hand hatte und ich dann sofort auch im Maul, ist viel, viel leckerer als das olle Blatt.

Manchmal glaube ich, dass Mama zu viele Bücher liest über Hundeerziehung und so. Oder sie schaut zu viel in dieses Klappbuch, was auf dem Tisch steht. Sie hatte immer neue Ideen, für immer neue Kommandos.

Eine sehr anstrengende Übung ist folgende: obwohl Karlchen und ich zusammen sind, müssen wir doch getrennt diese Kommandos machen. Karli und ich stehen vor Mama.

Dann schaute Mama, wieder mit Finger nach oben, also ACHTUNG, auf mich.

„Souki, Platz und Bleib."

Ich legte mich hin. Karlchen musste dann stehen bleiben. Dann das nächste Kommando.

„Souki, BLEIB." Eine Hand flach nach vorne verdeutlichen das BLEIB.

„Karlchen komm." Karlchen läuft zu ihr und ich muss, egal wie weit Mama weg ist, liegen bleiben und BLEIBEN.

Mama gibt Karlchen ein Leckerchen, weil er gekommen ist.

„Souki."

Die Hand von Mama oben, der Finger ganz oben. Oh, dann bin ich wieder ganz aufmerksam.

„Souki, KOMM."

Dann durfte ich endlich losflitzen und bekam, wenn ich bei ihr war, auch ein Leckerchen.

Diese Übung ändert Mama in ganz verschiedenen Situationen ständig. So, dass es nie langweilig wurde und wir ständig neuen Input von ihr bekamen.

Eine andere, noch schwerere Übung war, wenn sie nur mit Karl oder mit mir spazieren ging. Ihr wundert euch bestimmt. Natürlich gingen wir auch alle ganz oft zusammen los. Aber manchmal nahm Mama erst den Karl und sagte:

„Mama kommt wieder, dann ist die Souki dran".

Und dann ging sie wirklich und echt nur mit Karlchen los.

Das erste Mal wusste ich gar nicht, wie mir geschah. Ich schaute noch so, wie Mama das Geschirr bei Karli anlegte und freute mich auf den Spaziergang.

Dann sagte Mama, das mit dem Wiederkommen und die Tür ist zu, ohne MICH.

Könnt ihr euch nur ansatzweise meinen Gesichtsausdruck vorstellen? Nein? Also Augen ganz groß. Ein ganz großes Fragezeichen über meinem Kopf schwebend. Die Lefzen leicht geöffnet. Auf einer Seite leicht über den oberen Zähnen festklebend. Und in meinem ganzen Blick stand

WAS-GEHT-DENN-HIER-AB? Beim ersten Mal war ich sowas von fertig. Könnt ihr echt nicht erahnen.

Als Mama mit Karli WIEDERKAM, sagte sie wieder dieses Wort. Und dann bekam ich mein Geschirr an und los ging es. Karli musste jetzt zu Hause bleiben.

Das WARUM hatte das schwebende Fragezeichen abgelöst. Weil ich eine Bulldogge mit Fragen bin, möchte ich auch Antworten haben und so wandte ich mich beim ersten Allein-Spaziergang an Mama.

„Du Mama, warum machst du das? Warum gehen wir getrennt spazieren."

„Komisch das du fragst, gestern habe ich zwei Hundebesitzer getroffen, als ich mit Karli unterwegs war, die haben das Gleiche gefragt. Also, wenn wir nur zusammen gehen, also du und Karli, dann lernt ihr zwar voneinander, aber nicht allein mit mir. Und da ich euch führe, möchte ich mit jedem einzeln üben, damit hinterher, irgendwann das Rudel schön zusammen spazieren gehen kann."

Sie lächelte dabei.

Ich versuchte mal nicht an der Leine zu ziehen.

„Aha."

Wenn ich so wortkarg war, hieß das, dass ich überfordert war.

„Und", Mama redete weiter „das Zweite ist, dass wenn einem von euch was passieren sollte, was wir natürlich nicht hoffen, die Spaziergänge auch weiterhin, also für jeden alleine, noch tragbar sind und ihr euch wohlfühlt. Verstehst du das Souki?"

„Hm".

Ich sag doch, Überforderung.

„Also, wenn Karlchen zum Beispiel krank werden würde und könnte nicht mehr so spazieren gehen, dann möchte ich, dass du deinen Spaziergang genießen kannst, ohne ihn dabei zu vermissen."

JETZT hatte ich verstanden.

Der Spaziergang war noch wunderschön an diesem Tag. Es folgten noch weitere Übungen, die ich gelehrig annahm.

Aber in mir drin waren Fragen und so komische Sachen, über die ich mir Gedanken machte.

Angst und viele Fragen. Das ist fürs Gehirn eine Konstellation der besonderen Art. Das kann ich euch verraten.

Das Leben ist ungerecht, soviel kann ich sagen.

Das Leben nimmt manchmal eine andere Wendung.

Manchmal wird man geprüft, ohne je eine Prüfung verlangt zu haben.

Meine Ellis und ich wurden auch geprüft, bis an ihre Grenzen und darüber hinaus.

Aber dazu später mehr.

Meine Hecke ist nur für mich da

In unserem Garten sind viele Blumen, blühend in allen Farben und eine Menge Sträucher. An manchen sind so lustige rote Beeren dran, die schmecken echt lecker. Mama gibt uns manchmal eine davon.

Entlang unseres Gartens ist eine sehr hohe Hecke. Die geht einmal um den ganzen Rasen. Dahinter ist so ein Trampelpfad, den mehrere Menschen benutzen. Auch welche mit Hunden. Hier bei uns auf dem Dorf, da sind die Menschen was Regeln anbelangt, nicht so korrekt.

Da war zum Beispiel mal eine Baustelle vor unserer Hecke. Die Leute dort mussten da was absperren, weil sie ein ganz tiefes Loch in den Weg gebuddelt hatten. Das war wirklich tief. Wir sind da gar nicht mehr her gegangen, weil Mama und Papa voll die Angst hatten, dass wir da reinfallen könnten. Die anderen Menschen, denen ist das egal. Die haben sich sogar durch so eine hochamtliche Absperrung gequetscht. Mama hat dann immer den Kopf geschüttelt.

„Ist der hohl im Kopf!"

Das waren nämlich immer die gleichen Vollpfosten, die sich über so etwas hinwegsetzten oder besser gesagt, ‚Hohl ist der, der Hohles tut'.

Diese Menschen lassen ihre Hunde auch immer frei Laufen. Ohne Leine, ohne Führung mit Handy in der Hand und Hohles denkend.

Ab und an, versuchte einer dieser Hunde der hohlen Menschen durch unsere Hecke zu gehen. Das ist unverschämt und so nicht zu dulden. Also habe ich es mir zur Aufgabe gemacht, unsere Hecke zu bewachen. Ich will ja nicht, dass ein Hund da durchkommt und Mama, Papa oder Karli was antut.

Einmal, und jetzt kommt echt was, das ist nichts für schwache Nerven, sag ich euch, da hatte Mama unseren Weg zur Hecke und dem Tor neu gemacht, so die Fugen, ich habe da keine Ahnung von. Da musste sie die Mülltonnen vor die Hecke stellen, weil sonst die Fugen verdeckt waren.

Da ist so ein Vollpfosten gekommen, konnte wohl seinen gewohnten Weg nicht gehen und hat eine unserer Mülltonnen in hohem Bogen durch die Gegend geschmissen. Solche Leute wohnen hier! Voll krank oder? Erst habe ich überlegt, ob ich überhaupt darüber schreiben sollte. Eigentlich schreibt man ja nur über wichtige oder interessante Dinge. Aber dieser eine Typ, also der Vollpfosten, ist nicht wichtig und nicht interessant. Warum ich also darüber schreibe? Ganz einfach. Die Welt muss einfach wissen, dass es hier so einen Vollpfosten gibt. Vielleicht als Warnung vor so viel Frechheit. Ich fand es auf jeden Fall ziemlich krass.

Mama hatte nur die Hand hochgehoben. Und mit einem Finger gewedelt. Ich sag euch aber nicht, welcher Finger das war! Und von so nichtigen, nicht wichtigen Vollpfosten, komme ich wieder zu meiner Hecke.

Also den Vollpfosten schieben wir mal zur Seite oder in die Mülltonne, ich kann mir das Lachen kaum verkneifen.

Meine Hecke war mein Posten, ich kam mir immer sehr wichtig dort vor. Karlchen hatte natürlich auch eine wichtige Aufgabe. Er lag meistens irgendwo unter der Hecke und knabberte seine Grashalme.

Ich erspare euch jeglichen Kommentar meinerseits zu seiner wirklich großen Hilfe. Vielleicht denkt er ja auch, lass das mal die Souki machen. Ich weiß es echt nicht.

An diesem sonnigen Tag waren wir also wieder im Garten. Meine Patrouille an der Hecke verlief eine ganze Zeit ruhig und ich legte mich kurz zu Karli ins Gras. Papa hatte einen Tag vorher den Rasen gemäht und es war sehr schwierig für Karli, noch lange

Grashalme zu finden, die interessant genug waren, ausgezupft zu werden.

Da ... ich hörte ein Geräusch. Schleppende Schritte, fast schlurfend und der Geruch von einem Hundekumpel. Ich hörte auch das Tapsen der Pfoten, die fast synchron zu den schleppenden Schritten waren. Alles gut, dachte ich bei mir, Hund an der Leine, keine Gefahr.

Wieder wand ich mich den Grashalmen zu.

Karli hatte einen besonders langen gefunden, zupfte ihn raus und kaute genüsslich, langsam und durch die Kaubewegungen den Grashalm ins Maul ziehend.

Ich beobachtete ihn und hörte gleichzeitig, dass das schlurfende Geräusch mit dem Hundekumpel sich entfernte.

„Karli."

Karl hatte Probleme mit seinem Grashalm. Er kaute und kaute, der Grashalm war zur Gänze in seinem Maul verschwunden und er fing an zu würgen.

„Karli, du hast ihn im Hals stecken. Kann ich was tun?"

Karlchen erhob sich leicht und würgte. Der Grashalm kam wieder zum Vorschein. Er fing wieder an zu kauen.

„Macht nix, Souki, ich krieg ihn schon ... *WÜRG* ... klein."

Ich erspare euch die weiteren Details.

Ich hörte wieder ein Geräusch. Diesmal Hecheln und Geruch von einem Kumpel. Keine Schritte, kein Schlurfen. Aha! Kumpel wieder ohne Leine, ohne Mensch, ohne Führung.

Ich erhob mich, stand vor der Hecke. Da war er schon. Er schnüffelte an der Hecke, also auf der anderen Seite und pinkelte daran.

Oh, wenn Mama das mitbekam, die wäre sauer. Unsere Hecke geht nämlich durch das ganze Pippi von den Hundekumpels da kaputt. Die Hecke stirbt. Das geht ja gar nicht.

Ich hörte noch einmal, ob Menschenschritte folgten. Nein. Ich hob meine Nase nach oben. Nein, ich roch auch nichts. Dann also los. Und dann bin ich angefangen zu bellen. Richtig laut. Richtig wütend.

Der Kumpel auf der anderen Seite geht weiter, ich hinterher. Nur die Hecke beschützte dieses Objekt. Wenn die nicht wäre, würde ich ihm schon zeigen ob es gut ist, in andere Wohnzimmer zu pinkeln.

Das Objekt auf der anderen Seite fängt an zu knurren. Das ist dann das Äußerste an Respektlosigkeit, was man als anständiger Hund machen konnte.

Ich bellte ohne Unterlass und dann, so zwischendurch höre ich Menschenschritte. Boah, endlich, zum Objekt Hund kam das Subjekt Mensch.

Beide ohne Anstand, pinkelnd und führungslos und auch keine Führung gebend.

Ich jagte dann nochmal zur Verdeutlichung, dass das meine Hecke ist, an dieser entlang und versuchte diesen zwei Subjekten gehörig Angst einzujagen, oder vielleicht Respekt zuzubellen. Manchmal schaffe ich das auch, dann sagt Subjekt zum Objekt „Keine Angst, komm weiter, der tut nichts."

Wenn die wüssten! Ich bin eine friedfertige Bulldogge und eine Französin, ich kann mich gut benehmen. Wirklich!

Aber, wenn man mich reizt und mir fast vor den Kopf pinkelt, dann wird aus der französischen Mademoiselle ... ein Straßenhund aus Paris.

Ich habe nicht nur einen Namen

Mein erster Name war Bubbles. Da waren ja irgendwie nicht alle mit zufrieden. Ich weiß auch nicht warum mein Name mit B anfangen musste.

Mama hatte mir einmal die Hintergründe dazu erzählt. Das war so eine Sache von Züchtern und wie viele Würfe die schon haben. Dann geht das mit A los und endet mit Z.

Nun, ich war wohl der zweite Wurf bei der Züchterin, und deswegen fing mein Name mit B an. Dann wurde aus mir eine Bubbles. Soweit und so gut.

Als ich dann zu meinen Ellis kam, wurde aus mir eine Souki. Meine Ellis hatten lange überlegt, es soll Stunden gedauert haben, bis sie diesen einen, besonderen Namen gefunden hatten. Das hatte Karlchen mir in einer stillen Stunde einmal erzählt. Mein Name hat ganz viele Bedeutungen. Unter anderem ‚die Geliebte'. Ja, ich war Karlchens geliebte Souki.

Mama und Papa hatten aber noch viele andere Namen für mich.

Souki sagten sie nur, wenn sie mich riefen wegen irgend etwas. So ohne große Emotionen. Soukini, das sagte Mama, wenn sie ganz besonders lieb mit mir war. Wenn sie mich streichelte und mit mir schmuste. Ja, dann war ich ihre Soukini.

Papa hatte einen Namen, der mir ein wenig peinlich ist, aber peinliche Sache gehören auch zu mir und wenn ich es weglassen würde, dann würde ja in diesem Buch etwas fehlen. Das geht auch nicht. Also, Papa nennt mich zärtlich „mein Prinzess-Böhnchen". Ahnt ihr es? Wisst ihr warum? Soll ich es euch verraten?

Nun, wenn ich Hühnchen bekomme, nur so zum Beispiel, nun dann, muss ich immer so Winde fahren lassen. Also ganz salopp gesagt, ich musste pupsen. Jetzt lacht ihr bestimmt, ne? Nun, die peinliche Sache ist jetzt raus. Aber jeder muss mal pupsen. Nun, meine sind auf jeden Fall wohl ganz besonders, sagt der Papa. Wenn ich das mache, dann sagt er immer:

„Mein Prinzess-Böhnchen, du schaffst es tatsächlich, dass die Luft stinkt. Aber so was von."

Ja und dann bin ich wieder ganz stolz auf mich. Zu Karlchen sagt er das nie. Also muss ich wohl etwas ganz Besonderes sein.

Mama sagt auch manchmal Pupsi zu mir. Ob das damit irgendwie zusammenhängt? Hm, ich weiß es nicht. Fragen möchte ich auch nicht, weil dann spricht man ja wieder über diese peinliche Sache.

Böhnchen sagte der Papa auch zu mir. Dann lässt er das Prinzessin einfach weg. Er meinte dann, dass bei so einem Gestank dieses Wort keine

Berechtigung hätte. Hm, also Böhnchen ist ja auch alleine schön.

Mausi und Schnucki sagen meine Ellis auch ab und an. Das ist meistens, wenn wir spielen oder ein Leckerchen bekommen. Warum sie mich dann so nennen, keine Ahnung.

Ab und an rufen sie mich auch Bubbles, warum sie das machen, echt, das entzieht sich absolut meiner Kenntnis. Ich höre da auch nicht so gerne hin, weil, das war ich mal. Mein richtiges Leben hat ja bei ihnen und Karlchen angefangen. Und ein Neuanfang bedarf auch eines neuen Namens. Und Souki, nun, da war ich mächtig stolz drauf. Auf die Bedeutung, den Klang und dass sie sich so viel Mühe mit dem Aussuchen gegeben haben.

Nur einer darf etwas ganz Besonderes zu mir sagen. Der Karl. Der darf „Kleine" zu mir sagen. Es ist zwar kein richtiger Name, sondern eher ein Kosewort.

Das Wort beschreibt eigentlich etwas, was winzig ist, wie eine Ameise oder so. Aber bei Karl hört sich das an, wie Honig der fließt. Wie eine Umarmung, etwas sehr, sehr Vertrautes. Nur er darf mich so nennen. Wenn er diesen Kosenamen sagte, fühle ich mich geborgen, beschützt. Karl steht dann vor mir, hinter mir und er steht rechts und links. Also überall, mit nur einem einzigen Wort. Da kann mir gar nichts passieren.

Tja, so viele Namen kann ein Hund allein haben. Und ständig kommen neue hinzu.

Letztens, als Karlchen und ich im Wohnzimmer unseren heißgeliebten Fuchs jagten, also um die Wette versuchten, ihn uns gegenseitig wegzunehmen, da saßen Papa und Mama auf ihren Sesseln direkt bei uns. Sie beobachten uns und unser Spiel. Dann unterhielten sie sich. Und dann hörte ich, wie mein Papa zu Mama „Kleine" sagte, so in einem ganzen Satz. Aber er sagte genau dieses Wort zu ihr.

Ich unterbrach mein Spiel und hörte zu, wie die beiden ihre Worte teilten. Und da! Wieder sagte er es. Papas Stimme klang ganz lieb und er sah die Mama mit ganz lieben Augen an.

Da wusste ich, dass das irgendwie zusammenhängt. Karlchen und ich und der Papa und die Mama. Der Papa hat die Mama sehr lieb und wenn er das zu ihr sagte, dann glaube ich, dass er auch vor ihr, hinter ihr und neben ihr steht. So mit allem Aufpassen und Vertrauen und so.

Eigentlich, so überlegte ich mir, gibt es in manchen Situationen gar nicht so große Unterschiede zwischen Menschen und Tieren. Sie handeln manchmal gleich, nur die Art und Weise ist vielleicht anders. Aber unterm Strich gesehen, ist der Unterschied nicht so groß.

Vielleicht sehen einige Menschen den Zusammenhang dieser Unterschiedlichkeit oder besser gesagt, Gemeinsamkeit gar nicht.

Ich denke, nur der kann sehen, der daran glaubt und sehen will.

Ich glaube daran, ganz fest und überhaupt.

Zauberspucke

Jetzt, da ich schon eine ganze Weile bei meinen Ellis und bei dem Karlchen war, konnte man sagen, dass ich mich eingewöhnt hatte. Oder besser gesagt, ich war angekommen. Ich vertraute meinen Ellis so wahnsinnig. Dem Karlchen war ich ab Stunde null ergeben, weil ich mich unsterblich in ihn verliebt hatte. Er war mein Beschützerbär, besser noch, mein kleiner Beschützerbully. Ich fühlte mich bullywohl. Das konnte man so sagen. Ich war dankbar, dass ich hier ein Für-Immer-Zuhause hatte und nirgendwo anders.

Mama las mir ab und ab einige Sachen aus diesem Klappbuch vor. Von Hunden, die es wohl nicht so gut getroffen hatten. Da gab es welche, die wurden in der Urlaubszeit einfach irgendwo angebunden und zurückgelassen. Oder Hunde, die in den Autos gelassen wurden, bei Temperaturen, wo ich im Haus bleiben musste, weil es so verdammt heiß war. Es gab auch Kumpels, die bekamen nichts mehr zu essen und waren ganz dünn und ausgemergelt. Wenn sie mir das alles vorlas, stellten sich meine Nackenhaare hoch. Mich schüttelte es. Ich konnte es nicht fassen. Das war eigentlich nicht vorstellbar.

Manchmal waren diese Geschichten so schrecklich, dass die Mama beim Vorlesen weinte, also ihr diese Flüssigkeit aus den Augen lief. Sie war dann richtig traurig und ich musste einiges anstellen, damit es ihr wieder besser ging. Ich machte dann immer meine Clowns-Sachen. Also so meine Fünf-Minuten-Aktion, mit wild im Zimmer rumlaufen, mich dann auf den Boden schmeißend und das Maul weit aufreißend, mit so einem leicht irren Blick. Ich wollte sie animieren, mit mir zu spielen, damit die Traurigkeit sie wieder verließ. Manchmal klappte das dann auch. Aber wenn die Traurigkeit zu tief saß, dann habe ich mich einfach neben sie gelegt und ihre Hand, oder den Arm geleckt. Das hat sie immer sehr beruhigt. Und egal, wie ich es mache, es kommt schließlich auf das Resultat an, oder?

Ich stellte im Laufe der Zeit fest, dass mein Lecken auch mich beruhigte. Es war natürlich zu allererst ein totaler Liebesbeweis für den Menschen, bei dem ich das machte. Das hieß soviel wie ‚Ich habe dich wahnsinnig lieb'. Zum anderen konnte ich auch Karlchen eine Menge geben.

Karlchen hatte von Beginn an, wo ich ihn kennenlernte, eine Krankheit. Er kratzte sich andauernd. Mama und Papa haben Karlchen damals, als er klein war, schon krank bekommen. Sie haben mir irgendwann erzählt, wie viele Wochen und

Monate es gedauert hatte, dass Karlchen sich nicht mehr so schlimm kratzte. Er musste ganz schlimm ausgesehen haben. Ganz viele Quaddeln und aufgekratzte Stellen waren auf seinem Körper und er hatte sehr unter diesem Juckreiz gelitten. Meine Ellis hatten eine Menge Dinge ausprobiert, damit er sich nicht mehr kratzte. Das ging vom Futter, welches er nicht mehr essen durfte, über Spezialfutter. Dann ganz viele Medikamente bis hin zu Badeattacken mit speziellem Shampoo. Irgendwann war sein Kratzen weniger geworden. Aber ab und an, wenn eigentlich keiner damit rechnete, flammte sein Kratzen wieder auf und damit zusammenhängend auch seine juckenden, roten Stellen.

Wenn es wieder losging, dann roch ich das auch. Irgend etwas in seinem Körper war dann nicht in Ordnung. Komischerweise musste Mama dann auch immer seine Ohren saubermachen. In einem Ohr war dann immer mehr Dreck drin. Mama sagte, dass der Körper seine Giftstoffe über die Haut und über die Ohren absondert. Was immer das heißen mag. Ich sehe nur die Wattestäbchen, die aus Karlchens Ohren kommen. Puh, nicht schön. Tiefschwarz und Mengen sind das, Wahnsinn!

Wenn Karlchen dann seine roten Stellen hatte, habe ich ihn immer da geleckt. Er hat sich sofort auf die Seite gelegt und ganz stillgehalten. Und dann gebe ich alles. Das geht dann eine ganze Zeit so. Die roten Stellen hat er besonders vorne unter seinen Beinen und am Bauch. Wenn ich da dann mit meiner Zunge darüberstreiche, dann ist er wieder ganz ruhig und merkte diese Stellen gar nicht mehr so dolle. Er genoss das über alle Maßen und wenn ich dann so seine wunden Stellen bearbeitete, merkte ich, wie sehr auch mich das Lecken beruhigte.

An einem Tag war es bei Karlchen wieder ganz besonders schlimm. Mama hatte ihn schon untersucht und die Stellen gesehen.

„Karlchen, deine Quaddeln sind wieder da!"

Karlchen lag auf dem Boden, auf der Seite und riss seine Augen weit auf. Er hörte Quaddeln und da wusste er schon, dass abends das Ticket für die Dusche gezogen worden war, inklusive des medizinischen Shampoos.

Ich indes lag bei Karli und leckte ihn ausgiebig. Er grunzte leicht.

„Karli, ist das so in Ordnung für dich?"

„Hm, das ist absolut cool. Da merke ich das Jucken fast nicht mehr. Das ist so, als wenn du mit deinem Lecken den Juckreiz wegnimmst."

„Das ist gut Karli, das hatte ich gehofft. Sieht auch wieder schlimm aus. Warte mal ab, wenn Mama dich heute Abend einseift und dir hinterher dein Spray drauf tut, dann kannst du bestimmt heute Nacht gut schlafen. Mach dir mal keine Sorgen. Mama und ich kriegen das in den Griff."

Ich war sehr zuversichtlich, was meine Spucke anbelangte. Denn jedes Mal, wenn ich Karlchen leckte, meinte ich, dass seine roten Stellen nicht mehr so rot waren. Auch Mama war das aufgefallen, dass nach so einer Leck Orgie von mir, Karlchens Wunden nicht mehr so entzündlich aussahen.

„Souki, Souki, du kleine Zaubermaus. Du leckst den Karli wieder. Das ist gut. Du gibst wieder alles, ne?"

Zwischen meinem Lecken bekam ich noch ein „HmmmHmmm" raus.

„Weißt du Souki, ich glaube fast schon, dass du Zauberspucke hast. Souki die kleine Zaubermaus mit Zauberspucke. Ich glaube, ich habe einen neuen Namen für dich."

Mama lächelte und ich wusste insgeheim, dass Mama mich wohl die nächste Zeit mit ‚Zaubermaus' ansprechen würde. Das machte sie immer so. Wenn sie einen neuen Kosenamen für mich hatte, dann wurde der in der nächsten Zeit immer mal so täglich mit in das Repertoire aufgenommen. Ich musste ihn mir unbedingt merken.

Während Karlchen grunzend eingeschlafen war, ging ich zu Mama.

„Mama, meinst du das wirklich so, dass ich Zauberspucke habe?"

„Ja Souki, warum auch nicht. Vielleicht gibt es sowas. Nur weil es noch niemand gesehen hat, oder weil man es nicht weiß? Ich glaube daran. Vielleicht hast du ja magische Fähigkeiten."

Mama lächelte.

„Oder deine Zunge hat diese Magie. Vielleicht ist es auch deine Spucke, die diesen Zauber hat. Ich weiß auf jeden Fall, dass wenn du Karlchen putzt, er hinterher nicht mehr so schlimm aussieht."

Ich überlegte kurz über das, was Mama gesagt hatte.

War ich etwas Besonderes? Hatte ich Zauberspucke? Das alles war magisch, da hatte Mama recht. Vielleicht war ich ja auch eine Zauberin. Gibt es Hunde, die zaubern können? Ich musste da unbedingt dran bleiben an diesen Informationen, die ich gerade bekommen hatte.

Vorerst wuchs ich aber ein ganz kleines bisschen in die Höhe, so voller Stolz, weil ich mit meiner Zauberspucke den Karli fast wieder gesund gemacht hatte.

Ich werde erwachsen!

Mittlerweile war ich schon richtig groß geworden. Mein vorher zierlicher Körper hatte an Höhe und auch an Länge, noch einmal eine Ecke zugelegt.

Meine Mama hatte schon mehrere Halsbänder kaufen müssen.

„Mein Gott, Souki, du wächst aber ziemlich schnell, mein Schatz."

Sie nahm mit einem Band Maß, um zu schauen, warum das alte Halsband nicht mehr passte und welche Größe sie jetzt nehmen musste.

Mir passte das so gar nicht. Ich wollte viel lieber zu Karli, der an einem Kauknochen rumschlabberte.

„Mama, nimm doch einfach eine Nummer größer."

Ich wurde ungeduldig und wollte nichts mehr mit messen oder so zu tun haben.

Ich schaute wieder zu Karli. Der Knochen war schon von ihm ganz nass eingeschleimt. Da hatte ich wohl keine Chance mehr dran zu kommen.

Mama war sehr bestimmend, wenn es um Dinge ging, die keinen Aufschub duldeten.

„Souki, Souki, wenn du so zappelst, dann kann ich unmöglich messen."

Wieder schlang sich dieses Band um meinen Hals, wie eine lange Schlange.

„Ah, Souki, nun bleib ruhig. Das gibt es doch nicht."

Mama hielt inne und schaute mich an. Sie nahm das Maßband und hielt es mir unter die Nase.

„Siehst du, nichts Schlimmes, nichts Pikendes, einfach nur ein Band."

Ich schaute in ihre Augen und sah wie lieb sie mich anschaute. Okay, dann bin ich mal ruhig, so für zwanzig Sekunden oder für zehn.

Ich hielt ganz kurz still und sie nahm diese Schlange, wieder um meinen Hals und ein Aufschrei von Mama schallte durch den Raum.

„Siebenunddreißigkommafünf, das ist eine Menge, schon wieder zwei Zentimeter mehr."

Ich versuchte, genau so überrascht zu schauen, wie Mama. Sie nahm das Band wieder weg und ich durfte dann endlich zu Karli.

Mama hielt mich trotzdem noch am Hals leicht fest und schaute mir in die Augen.

„Danke du kleine quirlige Maus."

Dann bin ich losgestürmt zum Schlabberknochen. Karli lag dort und schaute schon eine gewisse Weile zu mir rüber.

Als ich bei ihm war, hielt er inne mit dem Schlabbern.

„Na du, musstest du dich wieder messen lassen?"

Er grinste von einem Backenzahn zum anderen und seine vorderen unteren Schneidezähne wurden sichtbar.

„Ja, das kann echt nicht wahr sein. Immer das Messen. Das nervt."

Ich schaute mich vorsichtig zu Mama um, ob sie von meinen Worten was mitbekommen hatte. Das wäre nicht so cool gewesen. Aber sie rollte gerade das Maßband ein und war beschäftigt.

„Ich krieg jetzt bestimmt wieder ein Neues. Wir haben ja nicht genug davon." Ironie off.

„Nee, da hast du recht Kleine."

Karli grinste wieder. Diesmal sah man nur einen kleinen unteren Zahn.

„Ich weiß gar nicht, was wir mit den vielen Halsbändern sollen. Eins reicht doch."

„Ich weiß Souki, in Mamas Kommode sind schon zwei Laden voll davon. Vielleicht hat Mama einen Sammeltick. Ich habe echt keine Ahnung. Freu dich, vielleicht bekommst du ein ganz besonders Schönes."

Ich fing sofort an zu überlegen, welches denn zu mir passen würde. Ein rosafarbenes wäre toll. Oder ein Braunes mit Türkis. Hm, jetzt so beim Überlegen wegen der Farben, hatte ich voll den Bock darauf, ein neues Halsband zu bekommen.

Ich rannte noch einmal zu Mama, die inzwischen das Band wieder im Nähkorb verstaut hatte.

„Schatzi, was ist?"

Ich sagte gar nichts, sondern reckte meinen Kopf zu ihr hoch. Sie lächelte mich an und bückte sich zu mir runter. Sie nahm ihre Hände und hielt zärtlich meinen Kopf. Dann machten wir unser Nasenküsschen. Somit war die Welt wieder in Ordnung.

Jetzt, da ich schon größer geworden war, stellte sich auch eine natürliche Sache bei mir ein. Meine Läufigkeit! Ich merkte erst gar nichts davon. Karli hingegen schon. Er roch seit ein paar Tagen ständig an mir rum. Er schnüffelte an meinem Hals, an meinem Bauch, an meinem Po, er war ständig und allgegenwärtig bei mir am Rumschnüffeln.

Dann merkte ich auch, dass etwas nicht in Ordnung war. In meinem Bauch zwickte es und grummelte. Und ich war vom Kopf her so komisch. Mama sagte schon zu mir, dass ich irgendwie anders wäre in der letzten Zeit.

Nun, das Anders kam an einem Morgen.

Mama hatte am Vortag ihre Lieblingsbettwäsche drauf gezogen. Weiße Bettwäsche mit Streifendesign.

Papa hatte schon des Öfteren zu ihr gesagt, dass weiße Bettwäsche für Menschen mit zwei Hunden nichts ist.

„Was ist das denn?"

Mamas Stimme verhieß nichts Gutes, eher so etwas wie „Oh Gott und Oh Gott."

Sie stand am Ende des Bettes und hielt das hintere Ende der Decke in der Hand. Sie starrte ungläubig auf diese und in ihrem Blick stand ENTSETZEN.

Ich lag vorne, am Kopfteil mit Karli, ist klar ne'? Aufgeschreckt von diesem Aufschrei hob ich meinen Kopf. Was machte Mama da hinten, da hatte ich doch heute Nacht gelegen.

Ich erhob mich und ging die zwei Schritte zu ihr hin.

„Oh Gott, Oh Gott, was ist das?"

Meine Stimme war um eine ganze Oktave höher als die von Mama.

Vor mir auf der blütenweißen Decke sah ich mehrere rote Flecken.

„Mama, was ist das? Ist das von mir? Mama, sag, was ist das?"

„Oh Schatzi, das ist Blut. Blut von dir!"

Mama schaute immer noch ein wenig ungläubig auf diese Flecken.

Ich suchte in ihrem Blick Ärger oder ob sie irgendwie böse war. Aber da war nur so ein ‚Nachdenkenblick'.

„Mama, mein Blut? Wovon denn. So viel Blut."

Jetzt bekam ich es mit der Angst zu tun. Wenn man so viel Blut verliert, stirbt man doch.

„Souki, habe keine Angst."

Sie hatte meinen ‚Angstblick' wohl bemerkt.

„Das ist nicht schlimm. Du bist jetzt erwachsen geworden. Du kannst jetzt Babys bekommen. Das ist wunderschön. Das kriegen wir hin."

Mama hatte dann noch die Betten abgezogen und die neuen Laken, die sie drauf tat, waren nicht weiß. Dann hatte sie in ihrem Klappbuch etwas bestellt, was auch ein paar Tage später ankam.

Ich will euch nicht auf die Folter spannen. Es war so ein komisches Ding, das ich jetzt öfter anhatte, das sah aus wie eine Hose! Darin war eine Vorlage, die mehrmals am Tag gewechselt wurde. Ehrlich gesagt war das auch echt nötig. Ich habe sehr viel von diesem Blut verloren.

Ich fühlte mich auch zusehends schlechter. Also diese Läufigkeit ist wirklich nichts Prickelndes, das kann ich euch sagen. Das ist übel, ganz übel.

Aber ich habe eine neue, superschicke Hose, beige mit türkisfarbenen Punkten.

Schick oder?

Da fehlte jetzt nur noch das passende Halsband zu.

69

Oma ist die Beste

Meine Läufigkeit dauerte genau dreißig Tage, das war verdammt lang. Ich sollte ja eigentlich als Mädchen nicht fluchen, aber ich könnte euch Wörter sagen, da würdet ihr blass werden. Mir fielen da etliche ein, die ich aber doch lieber für mich behalte. Ich weiß ja, was Anstand ist.

Als ich meine Läufigkeit hatte, war ich eigentlich ‚Save', was Karlchen anbelangte. Er hatte so einen Chip bekommen, dass es ihm egal ist, wenn ich gut duftete.

Meine Ellis wollten auf gar keinen Fall, dass ich Babys bekomme. Bei der ersten Läufigkeit wäre das überhaupt nicht gut, sagten sie, weil mein Körper noch gar nicht voll ausgebildet ist und so.

Mir war das völlig wurscht, denn ich hatte so viel Spaß mit Karlchen und meinen Ellis und mit der Entdeckung meiner kleinen Welt, dass ich mit Babys überhaupt nichts anzufangen wusste.

Karlchens Kastrationschip war zwar rechtzeitig gesetzt worden und es war ihm eigentlich egal, welche Duftmarken ich verströmte. Meine Ellis ließen uns trotzdem nicht zusammen allein. Also, wenn sie gemeinsam weggingen, was vorkam, musste ich rüber zu der Mama meiner Mama. Das ist sehr praktisch, weil uns nur eine Tür von ihr trennte.

Meine Oma, so nenne ich sie, ist total lieb. Ihr Hund ist ein Malteser, heißt Bijou und ist schon vierzehn Jahre. Er ist für sein Alter aber topfit.

Wenn wir bei ihr waren, hatte sie immer ein Leckerchen für mich und Karlchen. Sie hatte das aber mit Mama abgesprochen, wieviel und welche wir bekommen durften. Sicher ist sicher, sagte Mama. Und wenn die Ellis weg mussten, gingen wir schon mal rüber zu ihr. Dann waren wir nicht so lange allein oder wie bei meiner Läufigkeit, ging ich dann auch schon mal allein zu ihr. Das ist ganz besonders toll, da ich dann ihre ungeteilte Aufmerksamkeit hatte. Der Bijou freute sich auch immer, wenn ich bei ihm war. Dann sprang er hoch und hüpfte herum, so dass man ihm seine vierzehn Jahre überhaupt nicht anmerkte.

An so einem Tag mussten meine Ellis wieder zusammen weg. Ich fand das überaus doof. Ich wäre so gerne mitgefahren. Aber Mama war da sehr bestimmend.

„Schnuckis, echt, wir müssen nur kurz Einkaufen. Da könnt ihr nicht mit rein ins Geschäft."

„Menno ... das ist unfair."

Ich versuchte es auf die Lieb-Bitte-Bitte-Art, mit Kopf leicht schief, große Augen und einen flehenden

Blick. Aber nichts half. Mama hatte schon ihre Tasche und den Schlüssel in der Hand.

„Komm Souki, du gehst zu Oma in der Zeit. Karlchen bleibt hier. Der ist heute so komisch, als wenn sein Chip einen kurzen Aussetzer hat, das wollen wir doch nicht riskieren."

Karlchen hatte sich schon in das Körbchen gelegt, weil er die Situation kannte, sie auch nicht ändern konnte und schon ein alter Hase war, was das Einkaufen unserer Ellis anbelangte. Er wusste, dass es nicht lange dauern würde und ergab sich seinem Schicksal. Das klingt natürlich härter, als es in Wirklichkeit für ihn war. Karlchen ist ja ein Jahr älter als ich und hatte viel mehr Erfahrungen gemacht mit unseren Ellis.

Ich hingegen hörte nur ‚OMA' und war schon hinter Mama gehend auf dem Weg zu ihr. Mama klopfte kurz an die Tür, Oma rief ‚JA' und schon sprintete ich dann durch die offene Tür zu ihr. Bijou sprang schon auf mich zu und ich dachte so bei mir, die Ellis können ruhig länger wegbleiben, denn in der ganzen Wohnung von Oma duftete es lieblich nach einem mir wohlbekannten Geruch. Hühnchen!

Mama sprach kurz mit ihrer Mama und war dann auch schon weg. Ich kannte das inzwischen. Mama sagte immer, dass ein langer Abschied immer weher tut, als ein kurzer. Das sah ich ein und außerdem, das HÜHNCHEN! Ich musste sofort mal nachschauen, wo dieser Duft herkam. Oma streichelte mich.

„Souki, Mäuschen, ich habe etwas Leckeres für dich. Ich habe extra, weil ich ja wusste, dass du kommst, Hühnchen für dich gekocht. Wie findest du das, Mausi?"

„Wie ich das finde? Bullygut, ehrlich gesagt."

„Und weil der Karli jetzt ganz allein ist, gebe ich Mama gleich etwas für ihn mit."

Dann ging Oma in die Küche und holte einen Teller. Der war voll mit leckerem Hühnchenfleisch. Der Duft ging in meine Nase, kam an meinem Gehirn an, mein Magen zog sich zusammen und mein Speichel floss rechts und links an meinen Lefzen in langen Fäden runter.

Oma nahm ein Stück vom Teller und hielt es mir hin. Eigentlich war es schon fast in meinem Maul. Da hörten wir ein sehr lautes Kratzen an der Tür.

Oma hielt mit ihrer Hand, in der das gut duftende Stück Huhn war, inne und schaute mich an.

„Souki, hast du das auch gehört?"

„Oma, ich habe nichts gehört! Bitte, das Hühnchen!"

Ich kam ihr mit meinem Kopf entgegen, um das Hühnchen möglichst schnell zu bekommen. Aber sie legte das Stück auf den Teller zurück.

„Souki, weißt du, was ich glaube. Der Karl steht vor der Tür, er hat bestimmt das Hühnchen gerochen. Weißt du was, das geht ja gar nicht. Wir holen ihn jetzt rüber. Ich passe auf, dass er nicht zu wild wird."

Und schon ging sie zur Tür. Kaum war die offen, stürmte Karlchen herein.

„Wo ist das Hühnchen? Ich habe das bis zu meinem Körbchen gerochen, als die Tür aufgegangen war. Ich will auch was davon."

Sein Blick war flehend, überrascht und ließ eigentlich nichts anderes zu, als mit ihm das Hühnchen zu teilen. Und so saßen dann vor Oma Bijou, Karlchen und ich und bekamen immer im Wechsel ein Stückchen Fleisch. Oma bemühte sich, dass alles gerecht aufzuteilen. In null Komma Nichts war der Teller leer und zufrieden legte ich mich auf Omas flauschigen Teppich.

Karlchen kam auf mich zu, mit einem etwas irritierenden, irren Blick und schon war Oma da und stellte sich zwischen uns. Sie wollte ja schließlich aufpassen.

Karlchen blickte Oma an und entschied sich einfach auch, sich hinzulegen. Bijou lag schon vor Omas Füssen.

Ich blickte zu Karl rüber.

„Karli, du musst jetzt aber lieb sein. Nicht das noch etwas passiert. Die Oma hat dich jetzt nur wegen dem Hühnchen rüber geholt. Ich bin jetzt auch so satt, ich will einfach nur ein bisschen liegen hier, okay?"

„Souki, keine Angst. Dein Duft ist zwar heute extrem gut, aber ich bin auch so vollgefressen, ich glaube, ich kann mich keinen Meter mehr bewegen. Lass gut sein. Ich halte mich mit meinem dicken Bauch jetzt gerne Gentlemen like zurück."

Und dann fiel sein Kopf auf die Seite und er schlief schon.

Ich war auch sehr müde geworden. Vorhin noch der lange Spaziergang mit Papa, dann das Aufgeregt sein, weil die Ellis wegwollten, dann das leckere Fleisch bei Oma. Karlchen war ruhig, ich legte mich auf die Seite und schlummerte weg.

„Souki ... hallo Mausibär, Souki."

Ich rekelte mich, ich machte langsam die Augen offen und ich sah meine Mama.

Sofort war ich wach und stand vor ihr.

„Na, der Karli ist ja auch hier!"

Karlchen hob seinen Kopf, die Augen noch zu und rekelte sich genüsslich.

Oma streichelte sein Kinn und das genoss er in vollen Zügen.

„Claudi, ich habe aufgepasst. Die drei waren so satt nach dem Hühnchen, die sind auf der Stelle eingeschlafen."

Mama lächelte und streichelte meinen Kopf.

„Und, ich war nicht lange weg, oder?"

Wenn ich eine Katze gewesen wäre, ich hätte jetzt geschnurrt. So kam nur mein Brap-Brap über meine Lefzen.

„Tja, die Oma weiß, wie man wilde Tiger zähmt."

Mama lächelte immer noch wissend in Omas Richtung.

Oma lächelte ebenfalls und kraulte Karlchens Schnauze.

„Ja der Karl, ab jetzt rufe ich ihn nur noch „Tiger".

Karlchens Augen wurden ganz groß und er schaute erst die Oma und dann die Mama an.

„Tiger? Wieso Tiger, habe ich etwas verpasst. Was ist denn los?"

Ich schaute Karli an.

„Karlchen, alles gut. Ich glaube Oma hat alles richtig gemacht. Vielleicht kann man sich den Chip für dich ja einsparen und dir nur noch Hühnchenfleisch vor die Nase halten, damit du mich in Ruhe lässt, wenn ich so gut dufte."

Karlchen schaute mich weiter an.

„Ich weiß jetzt gar nicht, was du meinst Souki."

„Oh, ich schon."

Oma gab der Mama noch einen Teller mit Fleisch mit.

„Für Notfälle", sagte sie.

Als wir später am Abend im Wohnzimmer waren und Karlchen wieder diesen irren Blick in meine Richtung warf, war Mama sofort da.

„Karlchen, schau mal. HÜHNCHEN."

Sein Kopf drehte sich sofort. Der Blick wurde von ‚irre' zu ‚hungrig'.

„Karlchen, dass meinte Oma vorhin. Du lässt dich super mit dem Hühnchen von mir ablenken. Jetzt verstanden?"

Karlchen schaute zu mir, ging aber in Richtung Mama.

Er nahm das Stück Fleisch aus ihrer Hand und lächelte mich auffordernd und keck an.

„Ja, Souki, erst das Hühnchen und dann DU!"

Dann kam er auf mich zu und ... musste ich jetzt Baby-Angst haben?

Nein, er lächelte schelmisch und jagte mich, schnappte sich in einer Drehung den Fuchs vom Boden und wir spielten ausgelassen.

Da hatte das Karlchen mich aber gefoppt und mich gehörig aufs Glatteis geführt.

Es war auf jeden Fall ein wunderschöner Tag mit vielen Eindrücken und Karlchen und ich sind abends völlig müde, und ehrlich gesagt ziemlich satt, eingeschlafen.

Um halb fünf ist die Welt noch in Ordnung

Die Zeit, die rennt. Was ist denn überhaupt diese Zeit?

Karlchen hatte mir mal erzählt, dass er mit der Zeit nichts anzufangen wusste.

Ich kannte von der Zeit nur, dass Mama und Papa ganz viele Dinger im Haus haben. Da schauen sie drauf und dann gab es Essen oder Spaziergänge. Das musste wohl diese Zeit sein. Also diese Dinger haben sie auch am Arm. Da schauen sie auch mal drauf und machen dann etwas.

Ich bin ja ein Hund, nun, meine Ellis sagen immer Familienmitglied. Das klingt netter und sie meinen das auch so.

Diese Zeit ist für uns Hunde egal. Das ist nun mal so. Wir haben eine innere Zeit. Wenn morgens der Wecker vom Papa schellte, dann wusste ich, oder besser gesagt, hatte ich gelernt, dass er dann aufstehen musste. Also wenn der Wecker mal nicht schellte, zum Beispiel an den Tagen, an denen Papa zu Hause war, dann wunderte ich mich schon, warum er nicht aufstehen wollte. Ich merkte dann sehr schnell, dass er wohl liegenbleiben möchte. Und damit er wirklich nichts verpasste, ging ich schnell zu ihm hin und weckte ihn an solchen Tagen. Weil meine innere Zeit sagte, dass das nicht richtig war.

An einem Morgen, wo der Wecker nicht seinen grauenvollen Piepton machte, den ich übrigens unsagbar schrecklich fand, blieb Papa schlafend liegen.

Ich lag mit Karlchen in der Mitte des Bettes. Papa schlief tief und fest. Ich merkte, dass der junge Morgen wirklich da war. Durch das Fenster sah ich, dass jemand draußen das Licht angeknipst hatte. Und mein Innerstes sagte auch, das es jetzt der richtige Moment war, Papa wach zu machen.

Ich stieg über mehrere kleine Hügel von Bettdecken. Da lag er, auf seinem Bauch liegend. Der Kopf war seitlich auf diesem herrlichen flauschigen Kissen, welches ich nicht benutzen durfte. Ich sah sein Gesicht. Seine Augen waren immer noch zu. Hm, wie stellte ich es jetzt an, ihn wach zu machen? Es gab da mehrere Möglichkeiten. Sein Gesicht lecken. Auf ihn draufspringen. Die Hand, die unter der Bettdecke hervorlugte abzulecken. Ich ging die Möglichkeiten durch. Aber die Zeit verstrich und Papa musste doch wach werden! Ich legte mich hin und robbte zu Papas Gesicht. Ganz nah war ich ihm. Ich war so nah, dass ich mit meiner Nase fast seine berühren konnte.

„Souki! Souki!" zischte es von Karli.

Ich drehte meinen Kopf zu ihm.

„Papa muss wach werden. Karli, er muss aufstehen."

„Souki, nein. Es ist doch Wochenende. Da muss der Papa nicht aufstehen. Der Wecker hat doch gar nicht geschellt."

„Ja eben, der hat nicht geschellt."

„Ja, genau, weil er am Wochenende den Wecker nicht braucht. Er ist heute und morgen zu Hause."

„Oh. Echt? Hm, also dann muss er heute gar nicht los?"

„Souki nein. Lass ihn schlafen. Es ist noch früh. Und außerdem habe ich ihn vor ein paar Stunden geweckt, weil ich so dringend Pippi musste."

„Hm, das ist aber voll nett, dass du mir das sagst. Ich wollte ihm gerade zärtlich durchs Gesicht lecken."

Ich drehte mich wieder zu Papa, um ihn kurz anzuschauen.

Als ich ihn anblickte, hatte er plötzlich die Augen auf. Ich erschrak total. Seine Hände kamen hervor und er kitzelte mich am ganzen Körper und machte dabei so komische Laute. Ich schmiss mich auf den Rücken und jauchzte vor Vergnügen. Da hatte der Papa aber einen Spaß mit mir gemacht. Karlchen kam auch angesprungen.

Die Einzige, die sich noch nicht geregt hatte, war Mama. Durch den ganzen Tumult war sie aber wach geworden. Sie grummelte und zog die Bettdecke über ihren Kopf. Schwach konnten wir ihr Gegrummel hören.

„Ihr spinnt wohl, was macht ihr da?"

„Claudi? Haben wir dich wachgemacht?"

Papa neckte sie mit seiner Stimme.

„Müssen wir kommen, um dich auch zu kitzeln? Karlchen, wo ist die Mama?"

Und da hatte das Karlchen nur drauf gewartet. Er schoss nach vorne und unter Mamas Bettdecke.

Mama ist daraufhin sofort angefangen zu lachen und Karlchen hat unter der Bettdecke so richtig Gas gegeben. Wenn man ihm sagt „Wo ist die Mama", dann kann man ihn nicht halten. Dann sucht er solange, bis er sie findet.

Als die Mama dann wirklich richtig wach war und unter der Bettdecke hervorkam, samt dem Karlchen, sahen die beiden ziemlich verwuschelt aus. Mamas Haare standen irgendwie überall ab und Karlchens Ohr war nach außen abgeknickt. Das musste eine ganz schöne Rauferei gewesen sein unter der Bettdecke.

Da saßen wir nun alle vier. Wach, zerzaust und putzmunter.

Papa nahm seinen Hörer, womit er immer sprach. Das war auch sein Wecker und irgendwie alles andere.

„Halb fünf."

Mama lächelte ihn wissend an.

Papas Stirn verzog sich ein wenig.

„Komisch, um diese Zeit hätte mein Wecker geschellt. Irgendwie muss Souki das wohl im Gefühl haben. Souki, konntest du den Papa nicht schlafen lassen, ne?"

Ich schaute, wenn ein Hund das kann dann ich, ziemlich betreten aus. Augen sehr groß auf, die Ohren leicht nach hinten, die linke Lefze nach oben geschoben, sichtbare drei Zähne.

„Na, wenn wir jetzt schon alle wach sind, können wir doch auch alle vier einen frühmorgendlichen Spaziergang machen, in den Wald und auf die Wiesen. Was haltet ihr davon?"

Na, das musste er nicht zweimal sagen. Karlchen sprang sofort vom Bett. Ich krabbelte mich vor Freude durch die Bettenberge und Mama stand schon neben dem Bett.

„Das ist eine super Idee. Los, alle Mann anziehen."

Das mit dem Anziehen bezog sich natürlich nur auf die Zweibeiner. Obwohl, ich ziehe mein Halsband ja auch an, oder?

Wir sind dann, an diesem frühen Morgen, ohne das nervige Weckerpiepsen, losgegangen. Ich liebte diese frühen Spaziergänge. Wenn die Luft noch so schön kühl und ein wenig feucht ist. Das ist das

Größte. Wir sind ganz lange unterwegs gewesen. Erst in den Wald, dann über die Felder und die Wiesen. Karlchen und ich haben richtig Speed gemacht. Wir sind vorgelaufen und wieder zurück zu unseren Ellis. Und jedes Mal, wenn Papa das Kommando gab „Und los" sind wir wieder geflitzt. Hatte das einen Spaß gemacht.

Als wir wieder zurückkamen, sah Papa wieder auf seinen Hörer.

„Wir sind fast zwei Stunden unterwegs gewesen."

Und da, schon wieder diese Zeit. Ich überlegte was sie ist, diese Zeit. Aber mir fiel nichts dazu ein. Ich handelte immer nach Gefühl, nach meinem Zeitgefühl. Und, wenn ich an diesem Morgen nicht dieses Gefühl gehabt hätte, lägen wir jetzt noch alle im Bett und würden schlafen.

Wir hätten nicht diesen fantastischen Spaziergang gemacht. Wären nicht über die Wiesen gelaufen und hätten nicht so unbändige Freude gehabt.

Und da sag einer, Hunde hätten keine Ahnung von der Zeit.

Wir können die Zeit auf nichts ablesen, aber wir können uns an dem Licht, was morgens kommt, orientieren. Und wenn das Licht abends untergeht. Ich glaube ihr sagt dazu ‚Sonne'. Das können wir. Und wir haben unsere Rituale. Die, die ihr uns beibringt. Wann es Fressen gibt, wann ihr nach der

Arbeit nach Hause kommt, wann der Wecker morgens schellt und wann es Zeit ist, ins Bett zu gehen. All das machen wir aus unserem Gefühl für die Zeit heraus. Die Bedeutung der Zeit kennen wir nicht.

Manchmal wünschte ich mir, dass die Menschen ihre Wecker alle wegschmeißen würden und den einzelnen Tag so genießen könnten wie wir.

Da haben wir euch etwas voraus. Denn das Genießen kommt erst, wenn dieser Druck der Zeit weg ist.

Treiben lassen und auf seine inneren Gefühle achten, dann achtet man auch auf sich selbst.

Und wir Hunde machen das, an jedem einzelnen Tag unseres Lebens.

Bienen haben Stacheln

An einem wunderschönen Sonntag hatte der Papa eine Überraschung für Karlchen und mich. Erst mal war er zu Hause, musste nicht arbeiten, dass fanden wir schon echt klasse. Dann haben wir einen ganz langen, wunderschönen Waldspaziergang gemacht. Mit Freilaufen, ganz vielen Eindrücken und Spaß ohne Ende.

Als wir wieder nach Hause kamen sind wir in den Garten, weil so schönes Wetter war. Karlchen ist an unserer Hecke gewesen. Ich wollte ihm noch zurufen, dass das nicht so gut ist, weil da ganze viele Summdinger rumschwirrten. Mama und Papa warnen uns immer davor. Sie nennen diese Dinger ‚Bienen'. Unsere Ellis waren aber nicht bei uns und da rannte Karli mitten rein in diese Dinger. Er hatte es wohl nicht mitbekommen, dass sie da rumsummten.

Er hob sein Beinchen und zuckte plötzlich zusammen. Ich bin sofort zu ihm hingerannt. Er drehte sich mit dem Kopf und versuchte mit seiner Schnauze an seinen Po zu kommen.

„Karli, was ist denn?"

„Souki, irgendetwas hat mich gestochen. Das war ein Pikser. Das tut so weh."

„Schnell Karli, lauf rein zu Mama und Papa, die helfen dir."

Karlchen rannte schon die Stufen hoch in Richtung Terrassentür. Ich rannte sofort hinter ihm her.

Als er bei Papa im Wohnzimmer angekommen war, sprang er aufs Sofa. Er drehte sich immerzu. Dann sprang er wieder runter. Er versuchte immer noch an seinen Po, an diese Pikstelle zu kommen. Da, er schaffte es. Er rannte zu dem großen Teppich, der so flauschig war und legte sich lang auf seinen Bauch. Er fing an zu japsen.

Papa war sofort bei ihm. Mama auch. Beide knieten sich zu ihm hin.

Und dann sah ich es. Karlchens Gesicht schwoll an. Man konnte zusehen, wie die Haut an den Lefzen leicht rötlich wurde, regelrecht spannte und dann um ein Vielfaches an Umfang zunahm. Mama und Papa waren sehr aufgeregt, ich roch es. Sie hatten pure Angst. Karlchen rollte sich auf dem Teppich hin und her. Ich wollte so gerne zu ihm gehen, aber ich merkte instinktiv, dass es nicht gut war. Also blieb ich in sicherer Entfernung.

Karlchens Gesicht hatte fast keine Konturen mehr. Es war alles dick und angeschwollen. Er japste immer noch nach Luft. Mama nahm ihn auf den Arm und trug ihn raus. Sie redete ununterbrochen auf ihn ein.

Dann ging alles sehr schnell. Die Tür ging auf. Mama und Papa mit Karli auf dem Arm gingen raus. Die Tür ging wieder zu und ich saß im Flur auf meinem Lieblings-Flausche-Teppich und hätte am liebsten auch diese Flüssigkeit aus den Augen laufen lassen, die bei Mama immer kam.

Ich wusste gar nicht, was da passiert war. Es ging alles so verdammt schnell.

Ich war ganz erschrocken. Karlchen hatte so schlimm ausgesehen. Sein ganzer Kopf war wie ein großer Schwamm. Sogar die Augen waren ganz zugeschwollen. Und er hatte kaum noch Luft bekommen. Ich hatte gesehen, wie schwer es ihm fiel. Ich bekam jetzt richtig Angst. Angst, dass mit Karli etwas Schlimmes passiert war.

Ich legte mich in mein Körbchen, genau mit Sicht auf die Haustür. Es verging eine endlose, nicht enden wollende Zeit. Ihr wisst ja, das hat für mich keine Bedeutung. Nur ein Gefühl des Wartens. Und da vor dem Warten so etwas außergewöhnliches, echt Schlimmes passiert war, machte es, dass die Zeit nicht schneller ging.

Ich stand vom Körbchen wieder auf, ging zum Fenster neben der Haustür und blickte in den

Vorgarten. Keine Mama, kein Papa, kein Karlchen. Da wurde es mir ganz schwer in meiner Brust. Ich fühlte und ich hörte es *„Bumdibum dibum...Bumdibum dibum"*. Es war so laut. Mir schnürte es den Hals zu. Und dann ... bin ich angefangen zu weinen. Ich habe mein Kopf nach oben gereckt und habe angefangen zu jaulen. Vor lauter Traurigkeit. Mein Klopfen in der Brust wurde immer lauter. Warum hört mich denn keiner. Mama und Papa waren einfach so weg. Ohne das, was sie sonst sagen ‚Wiederkommen'. Einfach so weg. Ich jaulte wieder.

Irgendwer musste mich doch hören. Irgend jemand!

Dann hörte ich auf einmal ein Geräusch. Da ich ja auch ein Wachhund bin, habe ich erst einmal laut gebellt. Also vom Jaulen ins Bellen. Man muss ja schließlich die Form wahren.

„Souki, alles gut, ich bin es, die Oma."

Und da sah ich sie auch schon.

Oma kam die Treppe hoch und direkt auf mich zu. Sie bückte sich, streichelte mir über den Kopf. Na, da habe ich mich erst mal in Omas Arme geschmissen. Ich grub meinen Kopf in ihre Armbeuge.

„Schatzi, was ist los? Wo sind denn die Mama und der Papa. Und wo ist Karli?"

„Oma, die sind einfach weg. Einfach so. Karlchen ist gestochen worden. Und ganz dolle angeschwollen. Und... Oma. Alles ist so schrecklich."

„Souki, nun mach dir mal keine Sorgen. So wie du mir das alles erzählst, denke ich, dass Mama und Papa das im Griff haben. Die haben schon viel schlimmere Sachen geschafft. Und wenn sie einfach so weg sind, dann hatten sie es eilig. Eilig, damit Karli ganz schnell Hilfe bekommt."

Oma streichelte ganz zärtlich meinen Kopf. Ich schluchzte einmal so richtig kräftig, um meinen ganzen Herzschmerz auf einmal los zu werden.

„Weißt du was Souki, du kommst jetzt mit zu mir. Ich schreibe der Mama gleich eine SMS, damit sie Bescheid weiß, dass du bei mir bist. Komm mit, Souki."

Oma machte mir noch schnell mein Halsband um und dann ging ich hinter ihr her in ihre Wohnung.

Bijou wartete schon auf sie. Als er mich sah, kräuselte er leicht seine Stirn.

„Was ist los, du hast so gejault. Wenn die Tür nicht gewesen wäre, hätte ich mich schon auf den Weg gemacht. Das klang sehr herzzerreißend. Was ist los?"

Ich berichtete Bijou, was vorgefallen war. Seine Stirn kräuselte sich noch ein wenig mehr.

„Oh, oh, das habe ich schon mal woanders gehört. Wenn man von so einer Biene gestochen wird, kann das einen allergischen Schock auslösen. Das ist nicht witzig. So wie du mir Karlis Zustand beschrieben hast, gehe ich unbedingt von so einem Schock aus."

„Ist das schlimm Bijou? Wird Karlchen wieder in Ordnung? Was ist, wenn Karlchen etwas passiert. Was ist, wenn Mama und Papa ohne mein Karlchen wiederkommen?"

Oma mischte sich abrupt in das Gespräch ein.

„So, jetzt hören wir mal mit dem ganzen Wenn und Aber auf. Das macht jetzt keinen Sinn. Ich habe deiner Mama gerade geschrieben, dass du bei mir bist. Vielleicht antwortet sie ja. Dann wissen wir vielleicht mehr. Aber wir werden jetzt nicht wilde Spekulationen aufkommen lassen. Ich mache mir auch Sorgen, aber wir werden jetzt einfach warten. Karlchen wird das schon schaffen."

Bijou sah ziemlich verkniffen aus. Er machte sich auch Sorgen um Karlchen.

Oma setzte sich auf das Sofa und gab mir ein Handzeichen. Ich kuschelte mich sofort in ihre Decke auf dem Sofa ein. Meine Ohren hatte ich ganz groß aufgestellt, um möglichst jedes noch so kleinste Geräusch von nebenan mitzukriegen.

Und dann, war da wieder die Zeit. Endlos. Warten. Stille.

Oma versuchte mich abzulenken. Mit kleinen Leckerchen. Nichts half. Ich wollte keine Leckerchen!

Das hieß schon einiges, wenn ich selbst diese verschmähte.

„Soukimaus, mach dir keine Sorgen. Das wird schon wieder."

In dem Deckenberg schauten nur meine Schnauze und meine hoch aufgestellten Ohren raus. Am liebsten hätte ich mich in irgendein Loch vergraben.

Dann piepste Omas Hörer. Ich hob meinen Kopf.

Oma nahm den Hörer in die Hand, tippte, las und lächelte.

„Endlich, ihr beiden, endlich. Deine Mama hat geschrieben, dass es noch dauern wird, aber Karlchen geht es gut. Gott sein Dank. Er hatte einen allergischen Schock. Die Tierärztin hat ihm mehrere Spritzen gegeben, auch etwas zur Beruhigung. Alles gut, Souki. Er hat alles überstanden."

Ich hatte ihren Worten still gelauscht. Dann brach ich aus dem Deckenberg raus, auf Omas Schoß und musste ihr erstmal ein paar Nasenküsschen geben. Das war so eine schöne Nachricht.

„Oma lies noch mal vor."

Oma lächelte und las die Nachricht von Mama noch mal vor.

Ich war überglücklich. Ich sprang zu Bijou, der ebenfalls total zufrieden lächelte und seine Stirnfalte kräuselte sich nicht mehr.

Oma machte einen tiefen Seufzer.

„Nicht auszudenken, wenn Karlchen etwas passiert wäre!"

Dann spendierte Oma ihre Leckerchen, die ich jetzt dankbar annahm.

Bijou und ich legten uns dann auf den Flausche-Teppich von Oma und warteten auf Karlchens Rückkehr.

Jetzt war mir diese Zeit egal. Komisch nicht? Jetzt wusste ich, dass alles gut werden würde.

Jetzt genoss ich diese Zeit mit Bijou und Oma und den Leckerchen.

Diese Zeit, die ist schon etwas Komisches.

Grenzenlose Liebe kann auch weh tun

Karlchen kam nach seiner schlimmen Bienenstichattacke erst abends spät nach Hause. Ich war die ganze Zeit über bei Oma geblieben. Das war auch gut so, weil ich zwar nach der guten Nachricht ein wenig entspannter war, aber trotzdem nicht gerne allein gewesen wäre. Also war ich Oma richtig dankbar, dass sie, bis Mama und Papa mit Karli wieder da waren, mir Asyl gegeben hatte.

Wir hörten Papas Auto sofort. Also ich hörte es sofort, weil meine Ohren ihre aufrechte Lauschposition den ganzen Tag über gehalten hatten.

Oma ist sofort mit mir wieder rüber in mein Zuhause. Bijou haben wir aber dort gelassen.

Oma und ich waren sogar schneller an der Haustür als meine Ellis. Oma öffnete ihnen die Tür. Karlchen war auf Papas Armen. Eng an ihn gekuschelt, sein Kopf an seinem Hals. Ich sah Papa an, er sah irgendwie anders aus. Auch Mama, die direkt hinter ihm ging. Ich überlegte die ganze Zeit, warum sie so anders aussahen. Irgendwie älter. Sie hatten ganz viel Angst in ihren Gesichtern.

Papa ist mit Karli ins Wohnzimmer und hatte ihn vorsichtig auf seine Decke auf den Boden gelegt. Ich habe mich sofort zu ihm gelegt.

„Karl, Karl, nun sag doch was, ihr ward so schnell weg, ich habe mir so Sorgen gemacht, Karl, sag doch mal was. Was war los?"

Karlchen schien zu schlafen, hatte aber seine Augen so leicht offen. Ganz schwach war seine Stimme. Leise und sehr, sehr schwach.

„Souki, so schön dich zu sehen, ich bin so müde, so müde, nachher, erzähle ich dir ..."

Und dann war er schon wieder am Schlafen. Tief und fest. Diesmal waren seine Augen ganz feste zu.

Ich lag neben ihm und schaute ihn an. Seine Brust hob und senkte sich. Seine Atemzüge waren lang aber gleichmäßig.

Ich schnupperte an seinem Fell und ich roch den Tierarzt. Ich roch die Pikser, die er bekommen hatte und ich roch noch etwas anderes, ganz schwach, aber ich roch es. Es war wirklich schlimm, was Karli passiert war. Sein ganzer Körper roch danach. Ich glaube, dass er wirklich Glück gehabt hatte. Das unsere Ellis so schnell reagiert hatten. Ich glaube, dass ihn das gerettet hatte, denn der Geruch den ich wahrnahm, war so etwas wie, es war schon fast zu spät.

Ich war überglücklich, meinen Karl so schlafend neben mir zu wissen. Wie sehr ich ihn liebte. Ich passte jetzt auf ihn auf.

Es verging eine Menge von der Zeit, die ich nicht deuten kann. Es war draußen schon dunkel geworden. Mama hatte ganz viele schummrige Lichter im Wohnzimmer angemacht.

Karlchen ist irgendwann viel, viel später aufgewacht. Immer noch sehr müde und verschlafen.

Ich habe ihn dann noch geputzt, seinen Bauch, seinen Rücken. Irgendwie wollte ich diesen Geruch, der an ihm haftete, wegputzen.

Mama ist auch zu ihm gegangen, um ihn zu untersuchen. Sie hatte aufgepasst auf ihn, ob seine Atmung in Ordnung ist. Sie hatte seinen Körper gestreichelt und sich alles ganz genau angeschaut.

Irgendwann haben wir uns alle neben Karlchen gelegt und zusammen auf ihn aufgepasst. Den Platz direkt neben ihm, habe ich nicht verlassen.

Mama schaute mich auf der anderen Seite von Karli liegend lange an. Unsere Augen trafen sich, begleitet von Karlchens leisen Schlafgeräuschen.

„Souki, du passt auch auf Karli auf, ne?"

„Ja Mama. Ich hatte solche Angst um ihn. Du auch?"

„Ja Souki. Papa und ich hatten sehr viel Angst. Weißt du, ich hatte Karli während der Fahrt zur

Tierklinik auf meinem Schoß. Er bekam für eine kurze Zeit keine Luft mehr. Seine Zunge war schon ganz blau. Ja Souki, wir hatten sehr viel Angst."

„Mama, ich habe das geahnt. Bei mir war es auch nicht so gut. Ihr wart so schnell weg. Gott sein Dank ist Oma gekomen. Da war es nicht so schlimm."

„Ach Schnucki."

Über Karli hinweg streichelte sie meinen Kopf.

„Es ging nicht anders, Souki. Der Karl war in dem Moment wichtiger, weißt du. Während der Fahrt, wo er keine Luft mehr bekam, da roch Karlchen anders. Er roch nicht mehr nach Leben. Souki, das war sehr schlimm für mich. Ich habe es geschafft, seinen Körper und seinen Kopf so zu strecken, dass ich ihm meine Luft in seine Nase pusten konnte. Und die zwei Tabletten Cortison, die ich ihm ins Maul geschoben habe, die haben ihn zurückgebracht. So schlimm war das alles."

„Mama, wie schrecklich. Aber ich muss dir sagen, dass Karlchen fast nicht mehr lebte ... das habe ich gerochen. Ich kann das nicht beschreiben, aber es ist so, Mama."

„Ich weiß meine Kleine ... ich weiß genau, was du meinst. Diesen Geruch werde ich mein Leben lang nicht vergessen und wohl als eine ganz schlimme Erinnerung behalten. So etwas vergisst man nicht."

„Mama ... hast du Karlchen das Leben gerettet?"

„Hm, Souki, ich glaube, dass das eine Verkettung von vielen verschiedenen, guten Faktoren war, die ihm das Leben gerettet haben. Alles in allem war es knapp, sehr knapp. Es zeigt einem wieder, wie wertvoll das Leben ist und dass wir jede Sekunde genießen sollten. Es kann so schnell vorbei sein."

„Mama, ich habe dich lieb und ich genieße."

Mama lächelte mich sehr lieb an. Sie streichelte erst meinen Kopf und dann legte sie ihre Hand auf Karlchen. Ganz leicht, ganz sanft. Sie beugte sich über ihn und gab ihm einen ganz leichten Kuss auf seine Stirn. Karlchen grunzte im Schlaf, so als ob er den Kuss gespürt hatte.

Ich legte meine Vorderpfote auf seine Pfote und legte mich ganz nah an ihn heran.

Mama fing an unser Schlaflied zu summen. Guten Abend ... Gute Nacht ... mit Rosen bedacht ...

Ich schloss meine Augen und mein letzter Gedanke war die unendliche, bedingungslose Liebe zu meinem Karlchen.

Am Ende der Regenbogenbrücke

Es kam eine Zeit, die war ausgefüllt mit sehr viel Ruhe.

Karlchen hatte sich nach seinem Bienenstich und seinem Beinahe-Tod ein klein wenig verändert. Manchmal war er sehr ruhig. Oder er hörte Sachen gar nicht so richtig.

Ich musste ihm ab und an alles zweimal sagen. Er war dann so, als wenn er tief geschlafen hatte und plötzlich wach gemacht wurde. Obwohl er die ganze Zeit wach war! Ich verstand das alles nicht so richtig. Ich hatte mir auf jeden Fall viel Mühe gegeben, seine Aufgaben bezüglich des Bewachens unseres Hauses zu übernehmen. Ich passte also noch mehr als früher auf alles auf, was ich liebhatte.

Mir war aufgefallen, dass Karlchen öfter als vorher vor Mandys Urne saß und sie anschaute.

„Karlchen, warum schaust du immer Mandys Urne an?"

Karlchen blickte weiter stur zur Urne.

Da war es wieder. Er hatte es gar nicht mitbekommen, dass ich ihn etwas fragte.

„Karlchen? Hallo, Karl!"

„Ja, äh, was ist?"

„Karlchen, warum schaust du immer zur Urne?"

Ich versuchte es noch einmal. Mal schauen, ob er diesmal ansprechbar war.

„Ich denke an sie."

„Du denkst an sie? Das ist in Ordnung, Karl. Aber du schaust in letzter Zeit oft da hin. Gibt es einen Grund dafür?"

Karlchen schwieg. Ich wusste jetzt nicht, ob es wieder sein Tagschlaf mit offenen Augen war oder ob er einfach überlegte, was er mir antworten sollte.

„Ich habe sie gesehen."

Ich schaute ihn an. Für einen kurzen Moment war ich sprachlos. Ich überlegte, was ich darauf antworten konnte.

„Du hast sie gesehen? Wo, wann? Ich verstehe es nicht."

„Souki, als ich nach dem Bienenstich so schlecht Luft bekommen hatte, da war ich irgendwo anders. Es war da ganz friedlich und ruhig. Und da waren ganz viele Farben, da sind Mamas Blumen im Garten nix gegen. Und überall habe ich Leberwurst gerochen. Das war so himmlisch, so absolut toll. Und da war auch so ein bunter Bogen oben. Mit ganz vielen Farben. Einen Regenbogen. Da waren ein Weg und eine Brücke. Und da am Ende dieser Brücke, da stand sie. Weit entfernt. Aber ich habe sie erkannt. Es war Mandy."

„Karlchen, Karlchen ... das ist unglaublich. Nicht das ich dir nicht glaube, aber das hast du gesehen?"

„Ja, es ist unglaublich, aber ich war da. Ich habe Mama und Papa nicht mehr gehört. Ich hatte auch für einen kurzen Moment überhaupt keine Probleme mit meiner Luft gehabt. Ich konnte wieder atmen. Und sie war da. Mandy stand da einfach, ganz oben an der Brücke mit den vielen Farben. Sie hat nichts gesagt. Sie hat mich nur angeschaut. Einfach so. Fast so, als wäre es noch nicht meine Zeit, zu ihr zu gehen. Und dann bin ich auch schon wieder bei Mama und Papa gewesen. Das war wie ein Traum, was da passierte, aber irgendwie war es wirklich."

Ich schaute Karlchen an. Unwirklich und mystisch erschien mir das, was ich gehört hatte.

„Karlchen, ich glaube dir, dass du das alles gesehen hast. Wie fühlst du dich denn dabei? Das hast du mir alles verschwiegen. Warum hast du nicht mit mir darüber gesprochen?"

„Ach Souki, das musste ich erst einmal selbst verarbeiten. Ich habe das wirklich gesehen. Ich habe es gerochen, also die Leberwurst. Die ganze Luft roch nach Leberwurst. Echt! Ich konnte da nicht mit dir drüber reden. Das war irgendwie unmöglich für mich. Ich habe das auch nicht Mama gesagt. Das kann ich irgendwie noch nicht. Irgendwann muss ich das tun, aber nicht jetzt."

„Es ist aber gut, dass du es jetzt gesagt hast. Sehr gut. Weißt du, ich setze mich hier zu dir hin und wir schauen beide zu Mandys Urne und denken an sie. Dann bist du nicht allein."

„Souki, Kleine, du bist die Beste, echt."

„Nee, bin ich nicht, Karlchen. Ich habe dich nur furchtbar lieb. Das ist dann Ehrensache."

Wir zwei haben sehr lange auf dem Flausche-Teppich gelegen, die Urne angeschaut und Karlchen hatte mir dann Geschichten von Mandy erzählt. Wie sie war, was sie gemacht hatte, damit er sich wohlfühlte, als er hier ankam. Er erzählte das in seiner ruhigen Art. Manchmal stockte er, schluckte und sprach dann weiter. Ich merkte ihm an, dass er die kleine Mandy sehr vermisste. Es fiel ihm sichtlich schwer darüber zu reden.

Er tat mir leid. Ich stupste ihn kurz mit meiner Schnauze an, zärtlich, wie ein ‚Ich weiß wie du dich fühlst'.

Als er fertig war mit seinen Geschichten über Mandy schnaufte er tief und zog die Luft ein.

„Weißt du Souki, manchmal, in einigen Ecken kann ich sie noch riechen."

„Ich weiß Karl. Ich habe damals, als ich hier ankam, sofort gerochen, dass es mal eine Mandy hier gab."

Wir haben versonnen zur Urne geschaut und sind dann eng zusammengekuschelt eingeschlafen.

Als ich die Augen zumachte, sah ich eine kleine weiße Katze, mit einem braunen Schwanz, der aussah wie angeklebt.

Sie lächelte mich an und da wusste ich … es gab mehr zwischen Himmel und Erde, als wir sehen können, als wir wissen und ahnen.

Manchmal muss man über seinen Fressnapf hinweg schauen, um dass ALLES sehen zu können. Und mit dem Sehen kommt dann die Erkenntnis.

Ein wichtiges Gespräch

Das Gespräch mit Karlchen über Mandy ließ mich nicht zur Ruhe kommen. Noch Tage nach diesem Tag, bekam ich jedes Mal, wenn ich in das Wohnzimmer kam, wo im Regal die Urne von Mandy stand, eine Nackenfellerhebung. Ich schaute oft da hin, sehr oft. Es ließ mich nicht mehr los. Regenbogenbrücke und Mandy, das waren meine Topthemen im Kopf. Ich versuchte diese ganzen Eindrücke in eine Reihe zu bringen, es gelang mir aber nicht. Karlchen wollte ich nicht fragen, da er sich nach diesem letzten Gespräch wieder ein wenig gefangen hatte und ich diese gerade, zart zuwachsende Wunde, nicht erneut wieder öffnen wollte.

Was blieb mir anderes übrig, als zu Mama zu gehen. Ich wartete einen günstigen Augenblick ab, an dem Karlchen mit dem Papa eine große Runde spazieren gegangen war. Heute war wieder Trainingstag, dass hieß, dass die Spaziergänge getrennt voneinander gemacht wurden. Das war meine Chance, in Ruhe mit Mama über dieses Thema zu sprechen.

„Du Mama, kann ich mal mit dir reden?"

„Souki, Mausi, ja klar, was ist denn?"

„Du, ich habe mit Karlchen über Mandy gesprochen. Ich verstehe so viele Sachen nicht. Was ist die Regenbogenbrücke, wo ist Mandy und warum ist Karlchen so traurig, wenn er über Mandy redet?"

„Souki, das ist ein sehr komplexes Thema. Und dazu noch ein sehr trauriges. Weißt du, ich vermisse Mandy auch sehr, an jedem einzelnen Tag, seitdem sie von uns gegangen ist."

„Mama, ich wollte dir mit meiner Frage keinen Schmerz zufügen, echt nicht."

„Schon gut, vermissen heißt nicht, dass es jeden Tag weh tut. Man lernt damit umzugehen, also mit diesem Schmerz."

„Hm, Karlchen vermisst sie sehr, dass hat er mir gesagt."

„Ja, weil Karlchen dabei gewesen ist, als Mandy von uns ging. Sie war sehr krank und ist beim Tierarzt von uns erlöst worden. Karlchen war ganz nah bei ihr, als sie starb. Das ist nicht einfach gewesen, für uns und auch für Karl."

„Das glaube ich, dass war bestimmt ganz schrecklich."

„Schrecklich ist der falsche Ausdruck, Souki. Mandy war sehr krank. Dass, was wir für sie gemacht haben, ist gnädig und ein großer Liebesbeweis. Sie musste sich nicht länger quälen. Die Schuldgefühle, die hat man, weil man letztendlich dafür verantwortlich war. Aber es war so, wie es passiert ist, in Ordnung. Es tut weh, ja, unendlich. Aber manchmal gibt es keine Heilung, keine Rettung. Karlchen hat das alles miterlebt. Und das macht ihn manchmal sehr traurig."

„Mama, trotzdem ist es traurig. Wo ist Mandy dann hin?"

„Souki, es gibt eine Brücke, die den Himmel und die Erde verbindet. Sie hat sehr viele Farben, ganz bunt, darum nennt man sie die Regenbogenbrücke. Auf der anderen Seite dieser Brücke gibt es ein wunderschönes Land, mit vielen Wiesen, blühenden Blumen und vielen Wäldern. Wenn ein geliebtes Tier die Erde verlassen muss, dann gelangt es dorthin, über die Brücke in das Regenbogenland. Dort ist ganz viel zu fressen, es ist immer warm dort. Alte Tiere werden wieder jung, kranke Tiere wieder gesund. Sie spielen dort die ganze Zeit und toben miteinander. Nur ihre Menschen, die sie so geliebt haben, sind nicht dort."

Ich schaute meine Mama sprachlos an.

„Und Mandy ist auch da, im Regenbogenland?"

„Ja, Mandy ist dort."

Allmählich verstand ich Karlchens Traurigkeit. Ich verstand auch die Zusammenhänge. Nun wusste ich was es mit dem Regenbogenland auf sich hatte.

„Du musst nicht traurig gucken Souki. Das ist nun mal so. Die Zeit auf Erden ist begrenzt."

Ich schaute weiter traurig Mama an.

„Kleine Souki, ich erzähle dir mal was. Die Urne von Mandy, die steht da im Regal, seitdem wir sie zurückhaben. Ich habe dort ein Bild von ihr stehen. Und ihr Lieblingsspielzeug liegt davor. Neben der Urne steht doch eine Kerze. Eine mit Batterien, die hast du bestimmt schon bemerkt."

„Ja, die leuchtet immer."

„Ja genau. Die leuchtet immer. Aber stell dir vor. In all der Zeit habe ich nur einmal die Batterien wechseln müssen. Normalerweise ist die Kerze, wenn die Batterien darin leer sind, irgendwann aus. Da leuchtet dann nichts mehr. Noch nicht einmal ein Flackern. Und die Batterien in meinen anderen Kerzen halten so ein paar Wochen. Aber Mandys Kerze ist immer an und hält schon seit Monaten. Selbst wenn die Batterien leer sind, in Mandys Kerze flackert es trotzdem noch. Ich frage mich immer warum. Meine Erklärung ist die, Mandy ist immer noch ein bisschen hier. Sie hält die Kerze am Leuchten. Ich habe die Batterien von Mandys Kerze, als diese nur noch schwach flackerte mal in eine andere Kerze getan, die stand nur woanders. Da war nichts mehr am Flackern. Null Energie. Ich finde es, wenn ich darüber nachdenke, schon sehr magisch."

Ich schaute von Mama zu der Kerze. Ganz oben am Rand sah ich es leuchten. Ich fand die Geschichte mit der Kerze auch magisch. Irgendwie seltsam und sehr mysteriös.

„Souki, es gibt soviel mehr, als wir uns vorstellen können. Nur weil wir es nicht sehen und nicht anfassen können, heißt es nicht, dass es nicht existiert. Und jetzt sei nicht traurig, ja? Ist alles gut mir dir?"

„Ja Mama, alles gut. Ich weiß jetzt ein wenig mehr über das Regenbogenland."

Ich hätte das Reden mit Mama sowieso unterbrechen müssen, da der Papa mit Karlchen wiedergekommen war.

„Souki, kommst du, jetzt gehen wir spazieren."
Papa rief mich laut und ich flitzte zu ihm.
Einmal drehte ich mich noch kurz zu Mama um. Ich sah, wie sie sich verstohlen ein paar Tränen aus den Augen wischte. Dann schaute sie ebenfalls zu mir und lächelte mir zu.

Ich bin dann mit dem Papa eine große Gassirunde gegangen. Die Bewegung und die Luft machten es, dass meine Gedanken nicht mehr so schwer waren. Ich vergaß dieses Gespräch mit Mama aber nicht. Ich merkte mir das alles sehr gut.

Man kann ja nie wissen, wozu man dieses Wissen einmal gebrauchen konnte.

Blutentnahme

Jetzt muss ich endlich mal erzählen, dass ich bis auf diese Läufigkeit, wo ich mich tierisch krank gefühlt hatte, eigentlich ein ganz gesunder Hund bin. Bei Tierarztbesuchen war ich nur als sogenannter Begleithund dabei. Das dachte ich jedenfalls und meine Ellis auch. Nun, die Realität sah leider ein wenig anders aus.

Ich finde es wichtig, euch das zu erzählen, weil ich von ganz vielen Bullys gehört habe, die auch diese „ersten Anzeichen" hatten. Vielleicht hilft es einigen, damit besser umzugehen, wenn man hört, dass man das in den Griff bekommen kann.

Also, ich will euch nicht auf die Folter spannen. Es geht um meine Bauchspeicheldrüse. Ja, ein langes Wort für eine Drüse. Das finde ich auch. Aber splittet es mal. Bauch. Speichel. Drüse. Ich habe lange überlegt, wie sich das alles so zusammenreimt und wie das funktioniert.

Also meine Erklärung ist folgende: Es geht um eine Drüse! Was macht die? Die reguliert, arbeitet, sondert ab und produziert.

Bauch! Ja, sie befindet sich im Bauch, mehr nicht.

Speichel? Hängt das irgendwie damit zusammen, dass sie produziert? Vielleicht irgendeinen Schleim oder so, um etwas damit zu machen? Oder hat es mit dem Fressen zu tun? Also mit der Verdauung? Viele Fragen.

Könnt ihr euch vorstellen, was Mama und Papa sich da eingelesen haben, als meine Drüse krank war? Nee, ich glaube, das könnt ihr euch nicht vorstellen. Ich war dabei, ich habe das Alles mitbekommen. Und das ging richtig ab.

Meine Erklärung seht ihr oben.

Es war also so, dass ich total müde war. Hunger hatte ich kaum welchen. Wenn das Grummeln vom Hunger im Magen anfing, ging ich zu meinem vollen Napf. Aber wenn ich denn davorstand, bekam ich wieder Bauchweh. Ich habe auch viel geschlafen. Mein Output war auch nicht so, dass man damit hätte Scheiben einschlagen können. Und da war auch so ein Glibberzeug drauf. Das sah aus wie eine Schleimspur. Und ich hatte immerzu Bauchweh. Da haben wir übrigens schon den ersten Teil von diesem Drüsennamen.

Mama und Papa gefiel es überhaupt nicht, wie ich mich verhielt. Und da hatte ich natürlich sofort ein Freiticket zu meiner netten Ärztin gewonnen.

Wirklich oft war ich übrigens nie bei der netten Ärztin. Es war eigentlich immer nur so ein Gucken „Ach, können Sie sich auch mal Souki anschauen", wenn Karlchen wieder einen Termin hatte. Ich war nie wirklich krank! Gott sei Dank.

Und so musste ich diesmal hin, hm, ein glücklicher Hund sieht echt anders aus.

Karlchen war natürlich dabei. Er schaute mich schon im Auto so fragend an.

„Du, Souki, fahren wir echt wegen DIR zu Frau Doktore?"

„Jaaaa."

Ich war irgendwie genervt und ängstlich, was nun passieren würde.

„Hast du Angst Kleine?"

„Neeeiiinnn!"

Ich wurde noch genervter.

„Brauchst du nicht, echt nicht. Die will dir nur helfen."

Wurde das eine Diskussion über Angst und keine Angst haben?

Ich beschloss, mich beleidigt und ja, auch ein wenig ängstlich - das erzählen wir aber nicht dem Karl, ja! – in meine Box im Auto zurückzuziehen. Gut, sagen wir ruhig schmollend. Ich bin ein Mädchen, ich darf das.

Die nette Ärztin sprach natürlich sofort nach der Begrüßung Karlchen an und wollte ihn schon auf den Untersuchungstisch hieven.

„Nee, es geht heute um Souki", konnte Mama noch rufen.

„Ach, die kleine Souki ist heute dran, nun, dann komm mal her. Was fehlt ihr denn?"

Sie hob mich hoch und bei der letzten Frage schaute sie Mama an.

Mama erzählte der Ärztin alles, was ihr einfiel. Mein Verhalten in den letzten Tagen, meine Fressgewohnheiten, meine Pippigänge … und ganz viele andere Dinge.

Karlchen stand unten beim Papa und schaute sehr interessiert, den Kopf leicht nach oben gerichtet, zu mir.

Nun stand ich da, auf diesem kalten Untersuchungstisch. Mama direkt neben mir, wohl aus Angst, dass ich runterspringe. Ganz ehrlich, das war schon sehr hoch. Bin ich denn bekloppt? Nee, nicht wirklich. Da würde ich mir alle vier Pfoten brechen, wenn ich unten aufschlage.

Dann kam die Untersuchung. Hm, normal, bis zu dem Zeitpunkt, wo das Wort ‚Blutuntersuchung' fiel.

Ich konnte da nicht viel mit anfangen. Aber der Geruch von Mama änderte sich. Wenn sich dieser Geruch änderte, änderte sich auch mein Verhalten.

Das Klopfen in meiner Brust hörte sich wieder anders an.

Ich horchte *„Bumdibum dibum ... Bumdibum dibum"*. Ja, es war wieder schneller geworden.

Was passierte denn jetzt?

„Souki, ich muss dir jetzt mal ein wenig Blut abnehmen."

Die Ärztin sprach lieb zu mir.

Dann konnte es nicht schlimm sein, oder?

Mamas Geruch, der Schlimme, der übel roch, wurde stärker.

Ihre Hände hielten mich ein wenig, aber wirklich nur ein wenig, fester. Ich merkte es sofort. Diese kleine Bewegung. Da ich nicht doof bin, addierte ich dieses zwei Faktoren zu einem Wort. Shit. Das, was jetzt kam, war nicht gut.

Dann wurde ein Band an mein Vorderbein gemacht. Das wurde ganz stramm zugebunden. Und dann merkte ich nur noch eine ganz große, widerlich lange, spitze und wehtuende Nadel, die mein ganzes Bein in einen einzigen Schmerz verwandelte.

Ich schaute zu Mama. Flehend, fragend.

„Alles gut mein Schatz, ist gleich vorbei."

VORBEI. WANN? AUA.

Ich blickte zu meinem Bein. Aus diesem floss eine Flüssigkeit in so eine Plastikdingssache. Ich wusste den Namen nicht.

Aua, immer noch steckte dieses Ding drin.

„Souki ich brauche noch ein wenig mehr, ruhig bleiben, ist gleich vorbei."

Die Ärztin sprach wieder mit mir.

WANN ist es vorbei? Ich schaute zu Mama.

Die guckte hochinteressiert zu meinem Beinchen. Sie hielt mich weiter fest.

Jetzt, glaubt mir, hätte ich die gebrochenen Pfoten vielleicht riskiert. Einfach springen, einfach springen. Dann hätten die aber alle doof geschaut.

Mamas Hände ließen dies aber nicht zu. Sie hielten mich zwar locker, aber dennoch war ein Entkommen nicht möglich, da sie bei der kleinsten Bewegung von mir, alle Muskeln anspannte und die Hände keinen Millimeter von meinem Körper wichen.

„So."

Die Ärztin lächelte.

„Wir haben alles was wir brauchen."

Und ... endlich wurde dieses Ding aus meinem Bein gezogen.

Endlich!

Als diese wahnsinnig lange Nadel raus war, hatte ich trotzdem noch das Gefühl, dass sie drinnen wäre. Kennt ihr das? Ich nenne das ab jetzt Nachschmerz. Fertig und aus.

Dieser Nachschmerz, holla Ballett, sag ich euch. Das zwirbelte und pikste.

Die Ärztin lächelte immer noch. Ich fragte mich warum. Da war eigentlich kein Zeiger zum Lachen dran, dachte ich bei mir.

Sie wickelte einen Verband um mein Beinchen. In Pink!

„Ich nehme mal das pinke für dich Souki, bist ja ein Mädchen, ne?"

„Oh Mann, Frau Doktor, nicht zu fest."

Sie wickelte und wickelte und der Nachschmerz verwandelte sich in einem Zufestgewickelt-Schmerz.

Karlchen, die ganze Zeit reglos dastehend und mich ernst und gleichzeitig wissend anschauend, reckte seinen Kopf ein wenig höher.

„Kleine, ist zu fest gewickelt, ne'?"

„Woher weißt du das Karli?"

„Weil ich das schon oft machen musste und die wickeln immer zu fest, damit das Blut nicht unten rausläuft."

„Blut? Unten? Rausläuft?"

Ich schaute sofort auf mein Beinchen. Da lief nichts. Kein Wunder, das Bein war regelrecht abgeschnürt. Ich stupste mit meiner Schnauze leicht daran, um der Ärztin verstehen zu lassen, dass es echt eng war.

Aber die unterhielt sich schon wieder mit Mama, die ihre Hände ein wenig lockerer um meinen Körper ließ.

Nachdem die Menschen dieses Gerede hinter sich gelassen hatten, fuhren wir wieder nach Hause.

Ich hatte natürlich im Auto mit hektischen Bewegungen des Beinchens versucht, diese blöde Wickel, abzubekommen. Und siehe da, wenn man ganz oft mit dem eingewickelten Beinchen über den Boden der Box ging, dann konnte man das Ende der Wickel ein kleinwenig aufrollen. Ein Stückchen, eine kleine Ecke, löste sich. Dieses dann vorsichtig mit den Vorderzähnen gehalten, war das Ding nach zwei Minuten Geschichte.

Das Endergebnis war allerdings ernüchternd. Diese Wickel war jetzt ab und ich sah, dass mein ganzes Beinchen, da wo dieses spitze Ding dringesteckt hatte, über und über mit der Flüssigkeit, die den Namen Blut hatte, voll war. Mir wurde schlecht und spontan kämpfte ich mit meinem Kreislauf und mit Übelkeit. Bloß nicht umkippen! Bloß nicht würgen! Halte dich tapfer! Ich beschloss, mein Beinchen komplett zu ignorieren. Das gab es einfach gar nicht. Basta!

Ich schaffte so die Heimfahrt, mehr recht als schlecht.

Als Papa mich rausholen wollte, war sein Entsetzen groß.

„Mensch Souki, was hast du denn gemacht? Das darf doch nicht wahr sein. Da ist ja alles voller Blut. Die Ärztin hat es doch extra fest zugemacht!"

Aha! Also wisst ihr was, es lohnt sich manchmal, aber nur manchmal, die Dinge so zu belassen, wie sie sind.

Ich hätte diese Wickel einfach drum lassen sollen!

Aber ... ich bin eine Französische Bulldogge.

Und ... ich bin ein Mädchen.

Und - nicht zu vergessen - bin ich die Souki ... mit meinem ganz eigenen Kopf.

Blutergebnisse und Diätnahrung

Als die Blutergebnisse endlich da waren, sind wir alle ein wenig im Schockzustand gewesen.

Klar, mein Zustand war nicht unbedingt besser geworden in der Zeit des Wartens. Und die Ärztin hatte einen ganz besonderen Wert, den Pankreaswert, vom Labor erfragt. Sie hatte wohl so eine Ahnung, als sie meine detaillierte Zustandsbeschreibung von Mama erhielt.

Und wie das Leben manchmal so spielt, waren alle Werte eigentlich ganz gut, bis auf diesen einen Wert eben. Bis 200 ist wohl alles in Ordnung mit der Pankreas, dann von 200 bis 400 ist wohl nicht mehr alles so super. Dann von 400 bis 600 ist es schon im sehr kritischen Bereich. Und, was hatte ich? Na, über 600! *Wumms!* Das sitzt, ne?

Mama war wieder am Weinen, der Papa war fix und alle, das Karlchen schaute besorgt aus den Augen und ich lag in meinem Körbchen und fühlte mich krank, appetitlos und schlapp.

So eine, also richtig ausgesprochen, Bauchspeicheldrüsenentzündung, kann ganz schön schlimm sein. Und genau so ging es mir auch. Schlimm.

Mama und Papa sind dann wieder mit mir bei Frau Doktor gewesen. Die Menschen haben lange gesprochen. Ich hörte viele Sachen, womit ich wieder nix anfangen konnte.

Mama wohl schon, sie nickte immer und ich hörte „Ja" und „Sicher".

Es war noch nicht so schlimm, dass ich in der Klinik bleiben musste. So mit Infusionen. Da sind dann Nadeln im Bein, die ganz lange drinbleiben. Nix für mich, puh, Gott sein Dank durfte ich wieder mit nach Hause.

Diese Blutwerte waren aber so kritisch, dass ich ab sofort mein Fressen, was ich generell liebte, nicht mehr essen durfte.

Mama und Papa haben sich stundenlang im Klappbuch schlau gemacht, Rezepte rausgesucht für das Selberkochen. Dann verschiedene Diätfutter von unterschiedlichen Herstellern. Es wurde dann auch wirklich noch von Diätnahrung gesprochen. Oh nee, Diätnahrung. Das hörte sich alles so wahnsinnig gesund an, beziehungsweise überhaupt nicht lecker. Und von Medikamenten, die ich ab jetzt nehmen musste.

Karlchen war sofort Feuer und Flamme, als er Nahrung hörte.

„Souki, du kriegst ab jetzt andere Nahrung. Hm. Da wird bestimmt auch etwas Leckeres für mich abfallen."

Ein schelmisches Lächeln folgte sofort.

Ich indes war alles andere als begeistert. Ich hörte nur Medikamente. Blödes Zeug, das bitter schmeckte und ... Moment mal, doch nicht so übel. Mama tat immer so leckeres Zeug bei Karli um diese Medis. Karlchen hatte mir mal erzählt, dass Mama da ziemlich erfinderisch war. Die Pillen würde man dann gar nicht mehr merken. Okay, das war dann ein Highlight und ich freute mich insgeheim ein klein wenig auf diese Medikamente. Also auf die Leckerei und die nicht sichtbaren Pillen. Und es war ein Sammelsurium von Pillen und Pillen und Pillen, nicht zu vergessen auch noch solche Tropfen.

Ich beschloss erst mal mich hinzulegen und meine blöde Drüse, Drüse sein zu lassen.

Karlchen lag schon im großen Körbchen, also das für zwei Bullys und wartete auf mich. Ich legte mich vorsichtig in meine Mulde, direkt neben ihn ... und schlief umgehend ein.

Im Traum sah ich überdimensionale große, runde Pillen, die auf mich zurasten. Sie kamen immer näher und wurden immer größer ... mein Herzchen

klopfte wild „*Bumdibum dibum, Bumdibum dibum*"...
und dann weiß ich nix mehr.

Hühnchen aufs Gramm genau

Es war ein paar Tage nach den blöden Blutergebnissen ein wenig ruhiger bei uns geworden.

Mama weinte nicht mehr und Papa war auch nicht mehr so angespannt. Seitdem sie wissen, dass meine Drüse, die im Bauch und mit dem Speichel, krank war und irgendwie nicht so richtig, oder vielleicht auch zu richtig funktionierte, legten sie sehr viel Wert auf meine Nahrung.

Ich kann euch gar nicht alles erzählen, weil dann hätte das Büchlein tausend Seiten. Nee, echt.

Mama hatte sich inzwischen ein fast medizinisches Grundwissen bezüglich meiner Drüse angeeignet.

Papa hatte im Klappbuch sehr lange geschaut und alle Möglichkeiten für diätisches Essen für mich recherchiert. Die beiden waren zu wahren Bauchdrüsen, äh ich habe den Speichel vergessen, also ihr wisst ja, was ich meine, Experten geworden.

Mama stand in der Küche und rief

„Schatz, hast du den Reis schon in die Dosen umgefüllt?"

„Jaaaa … alles umgefüllt, das Hühnchen ist noch im Topf."

„Okay ich fange schon mal an."

Dann gibt es also bald was Leckeres.
Meine Ohren und meine Nase witterten das baldige Futter. Seitdem ich dieses Diätfutter bekam, hatte ich wieder richtig Hunger. Mama brauchte mich nicht mehr fünfmal zu rufen, wenn sie das Essen fertig hatte. Nee, ich roch es und schon flitzte ich in die Küche zu Mama. Da habe ich ganz eng bei ihr gestanden. Manchmal, ja manchmal, fiel ihr nämlich, so ganz aus Versehen, ein Stück Hühnchen beim Schneiden runter. Wenn sie es dann merkte, sagte sie „Go" und ich durfte es mir nehmen.

Also Mama zauberte mit Papa zusammen wahre fünf-Sterne-Essen für mich. Mama kochte den Reis fast 2 Stunden so richtig matschig. Vorher wäscht sie den Reis ganz oft, sie sagte irgendwas von Giftstoffen und die müssten erst weg.

Super dachte ich mir, sie achtete sogar darauf.

Dann war der Reis also fertig, schön matschig, so liebte ich den. Dann wurde Hühnchen gekocht. Ganz egal, ob Brust oder Bollen, schmeckte alles gut. Dann hatte Mama noch Karotten gemacht. Ja und dann kommt die Wissenschaft, die die zwei sich angeeignet haben.

Also meine Drüse, ihr wisst schon, wie der richtige Name ist, die durfte nur wenig oder gar kein Fett haben. Das ist Ultra wichtig. Im normalen Nassfutter ist der Fettgehalt echt hoch. Alles, was über vier Prozent ist, da hebt meine Drüse den Finger ganz hoch und sagt ‚NEIN, WILL ICH NICHT'. Dieses ‚das will ich nicht', ist ungefähr so, als wäre sie voll beleidigt, sie merkte sich das auch, so das Fett. Also musste peinlichst genau darauf geachtet werden, dass ich, erstens mehrere Mahlzeiten pro Tag bekam, damit die Drüse nicht auf einmal so viel arbeiten musste.

Dann zweitens, dass pro Mahlzeit der Fettgehalt nicht so hoch war. Das war dann die Wissenschaft, die meine Ellis ab dem Tag, wo sie die Blutwerte zurückbekommen hatten, jetzt ihr Eigen nannten.

Drittens, und das ist fast genauso wichtig ist, dass alles abgewogen werden musste. Also der Reis, das Hühnchen, die Karotten und so weiter. Ich hatte am Anfang, wo die Drüse so übel drauf war, fünf Mahlzeiten pro Tag bekommen, mit ganz wenig in der Schüssel. Erst nach und nach habe ich immer ein bisschen mehr bekommen.

Dann, wenn das alles paletti ist mit den Grämmchen, wird alles in meine Schüssel getan und ich darf endlich reinhauen.

Und jetzt ratet mal, wer dann ziemlich doof aus der Wäsche schaut. Hm, habt ihr es erraten? Das Karlchen, natürlich!

Aber wisst ihr was, wenn die Mama und der Papa nicht hinschauten, dann ließ ich ihn schnell etwas von meinem Fünf-Sterne-Menü naschen.

Das Karlchen ist dann immer ganz glücklich und nach dem Fressen, äh Dinieren passt besser, kuschelten wir zwei uns ganz eng aneinander. Wir schnüppelten uns dann gegenseitig ab und leckten uns die kleinen Reste vom Fressen aus unseren Nasenfalten.

Mein Ausflug

Durch diese leckeren Fünf-Sterne-Essen ging es mir innerhalb von kürzester Zeit besser. Die Medizin in den Fleischbällchen waren meine täglichen Leckerchen. Sie trugen bestimmt auch dazu bei, dass meine Bauchschmerzen fast gar nicht mehr da waren. Ich fühlte mich von Tag zu Tag besser.

Mama war begeistert und klopfte sich und Papa des Öfteren auf die Schulter so von wegen „Alles richtig gemacht."

Karlchen war ebenfalls begeistert. Denn jedes Mal, wenn ich meine Pillenleckerchen bekam, staubte er ebenfalls ein Bällchen Fleisch ab, natürlich ohne Pille.

Wir waren dann auch noch einmal bei meiner Tierärztin. Mama war der Meinung, dass nach so vier Wochen Diät und Medis unbedingt dieser eine Wert der Druse noch einmal kontrolliert werden musste.

Ich erspare euch das nochmalige Erzählen vom Blutentnehmen aus meinen Beinchen. Übrigens war es diesmal das andere Bein. Das, was weiß war, also mein Söckchen-Bein. Am Ende des Tages war mein Söckchen ganz rot, voll verschmiert mit Blut. Und warum? Weil ich wieder so rumgeschubbelt habe und der Verband sich dann wieder in null Komma nix gelöst hatte. Das war übrigens mein Freiticket für die Dusche abends, denn es wollte nicht abgehen, dieses Blutzeug.

Den neuen Drüsenwert, ja den möchte ich euch nicht vorenthalten. Der war dreißig! Das war der absolute Kracher. Der Wert war so, wie ich mich fühlte. Bullywohl!

Karlchen und ich waren oft im Garten. Eigentlich waren unsere Ellis immer dabei. An einem wunderschönen Tag, so um die Mittagszeit, die Sonne schien, die Blumen dufteten, waren wir in einer Laune, die Bully Besitzer gerne unsere dollen fünf Minuten nennen. Da rannten wir dann den Garten entlang und jagten uns. Wir kriegten dann eigentlich nicht viel mit. Es existierte nur dieser wahnsinnige Drang, alles an Energie innerhalb von fünf Minuten loszulassen.

Unser Garten war ja umgeben von einer riesen Buchenhecke. Ihr erinnert euch? Davon hatte ich euch bereits erzählt. In einer Ecke ist so eine Lücke zwischen dem Flieder und der Hecke, wo Papa einen Zaun gesetzt hat. Nicht gerade stabil, aber er hält uns davon ab, in diese Ecke zu gehen, weil da die Hecke Löcher hat, wo wir dann entwischen könnten.

Karlchen und ich jagten uns wieder und da ... ich hörte ein Geräusch hinter der Hecke. Das war diese kleine Fußhupe, die eine Straße weiter wohnte. Er blieb stehen, ich konnte es durch ein Loch in der Hecke sehen und ich roch ihn. Er war eine Hundelänge von mir entfernt und pinkelte die andere Seite der Hecke an. Das ging ja gar nicht! Nicht nur, dass ich diese Fußhupe sehen musste, jetzt roch ich auch noch die ganze Zeit seinen Pippi-Geruch!

Ich bellte ihn an. Was soviel hieß wie „Mach dich vom Acker, das ist mein Revier!"

Er dachte gar nicht daran. Er steckte seinen Kopf unten durch die Hecke, da wo sie so durchlässig ist und kam auf mich zu.

„Na, du, versteckst dich da?"

Diese Fußhupe hatte keinen Anstand!

„Nein, das ist mein Revier, das ist meine Hecke, du pinkelst in meinem Revier. Noch einmal … und ich zeige dir was Anstand ist. Mach dich vom Acker!"

Hey, Mann, wo war die Besitzerin dieser Hupe? Und dann hörte ich diese, schleppend, laut schlurfend ankommen.

Ich roch diesen Menschen. Konnte die nicht ihren Hund an die Leine nehmen? Sofort war da eine gewisse Antipathie.

Ich hatte mich mittlerweile richtig in Rage gebellt.

Die andere Seite der Hecke bellte ebenfalls.

Karlchen stand ein paar Meter weiter an der Hecke und bellte auch. Es war ein wahres Bellkonzert.

Die Hupe wäre, wenn es nicht den kleinen Zaun, der vor der Hecke gespannt war gegeben hätte, auf unseren Rasen gekommen. Ich sag euch, dass hätte er einmal gemacht, kein zweites Mal. Aber ich konnte wegen dem Zaun, außer Bellen nichts machen. Dieses Aas von Hupe ging nicht weg. Ich beschloss ein wenig mehr NEIN zum Ausdruck zu bringen, gepaart von ruckartigem Stupsen am Zaun, also vor seinem Kopf.

Da fängt der plötzlich an seine Zähne zu fletschen und zu knurren. Jetzt war ich so richtig in Stimmung.

Ich weiß heute auch nicht mehr, wie ich es fertigbrachte oder wie es geschah.

Ich war auf einmal hinter dem Zaun!

Vielleicht hatte ich durch mein Ruckeln einen dieser Spieße vom Zaun gelöst. Vielleicht war es aber auch die Hupe!

Ich stand da, vor der Hupe auf der anderen Seite der Hecke. Die Hupe völlig verdattert, ging einen Schritt zurück.

Ich musste dazu sagen, dass der mich schon lange nervte. Das mit seinem Getue hinter der Hecke, ging so drei bis vier Mal am Tag. Irgendwann ist auch der wirklich sehr geduldige Herzschlag einer Französischen Bulldogge auf einhundertachtzig. Äh, korrigiere Zweihundertfünfzig. Tendenz steigend. Mein Klopfen in der Brust wurde unangenehm schnell.

Die Hupe steht vor mir, sorry übrigens, wenn ich ihn Hupe nannte, aber ich mag nur die Namen von Kumpels wissen, wenn ich den Kumpel mag. Nur mal so, ne'.

Wo war ich stehengeblieben?

Äh, also der stand vor mir. Ich nahm meine Haltung ‚Gebe Obacht' ein. Er stierte mich an, das hässliche Stück. Ich schaute an ihm vorbei. Wo war denn bloß sein Frauchen? Die ohne Anstand und ohne Leine. Die war wohl schon längst zu Hause ohne ihn. Er gehörte zur Spezies ‚Frei geboren und Frei ohne Leine'.

Ich ging mit einer leicht drohenden, langsamen, Lefzen hochziehenden Gebärde auf ihn zu. Und was machte er? Abruptes Drehen um einhundertachtzig Grad und dann nahm er seine vier Stummelbeine in die Pfote und war weg. Da ist nämlich nur noch ein kurzes gerades Stück und dann geht's um die Ecke. Und da war er verschwunden. Weg!

Ich war erschrocken und konnte es nicht fassen, dass er einfach abgehauen war. Feigling. Elender

Feigling. Und ich? Ich stand hinter der Hecke, auf der anderen Seite und hörte Karlchen. Da wurde mir die Situation bewusst. Wo war ich?

„Souki, Souki? Soukiiiiii?"

Mist, ich steckte meinen Kopf leicht ganz unten durch die Hecke. Aber da waren überall so Äste und Stumpen. Wie war ich da nur durchgekommen?

Noch mal MIST. Nee, nochmal MIST, MIST, MIST! Mit Nachdruck. Wie kam ich denn jetzt wieder zurück?

Und wenn es eigentlich nicht schon schlimm genug war, hörte ich noch Mamas Stimme von etwas weiter weg.

„Soukiiiii, Souki, wo bist du? SOUKI?"

Sie rief laut. Sehr laut. Sie war eben noch bei uns gewesen und hatte nur ganz kurz mit den Worten „Ich hole eben einen Kotbeutel, seid lieb", den Garten verlassen.

Und was mache ich, MIST. Ich entschuldige mich jetzt nicht für den ganzen MIST hier. Aber allmählich stellte sich Angst bei mir ein.

Karlchen versuchte mit seinem Kopf das Dickicht der Hecke zu durchdringen.

„Souki, wo bist du Kleine? Ich sehe dich nicht."

„Ich bin hier! Karli ... Karli? Ich sehe dich auch nicht. Karlchen, wie komme ich denn jetzt wieder zu dir?"

Mamas Rufe wurden schrill, weil sie mich wohl im Garten nicht fand.

Karlchen bellte, um ihr zu vermitteln „Hey ich weiß, wo sie ist."

Ich wusste nicht mehr was ich tun sollte. Ich war völlig überfordert mit der Situation. Ich blickte mich um. Also wenn ich ein kleines Stück weiter gehe, da wohnt die Oma. Hm, ich ging geradeaus weiter. Und da war auch die Tür von Oma, wenn ich jetzt leicht links abbiege, bin ich auf dem Rasen vor unserem Haus. Das kenne ich!

Ich will euch bei dem Erzählen noch einmal verdeutlichen, dass ich keine ängstliche Maus bin. Ich hatte auch keine Angst. Nein, nur echte Panik, und zwar großgeschrieben PANIK!

Ich ging weiter, wieder links und ich sah unsere Haustür. Für jeden wäre diese kleine Entfernung ein Katzensprung gewesen, für mich war es ein unendlich langer, angsteinflößender Weg.

Jetzt stand ich vor unserer Tür. Und nun? Ich wartete einfach mal ab, was passierte.

Drinnen hörte ich Mama rufen.

„Souki, wo bist du? Bist du hier im Haus? Mensch Souki mach keinen Mist, ist kriege jetzt Angst."

Dann hörte ich sie nicht mehr, vielleicht war sie im Keller, um nach mich zu suchen.

Oh, oh, das wurde jetzt aber doof.

Karlchen bellte immer noch im Garten.

Ich hörte es.

Sollte ich auch einmal bellen? Ich wagte es nicht. Ich konnte es nicht. Irgendwie war mein ganzer Körper wie eingefroren.

Da ... ich hörte Mama wieder, etwas entfernt.

Karlchen bellte wie verrückt.

Ich beschloss mit zittrigen Schritten umzukehren. Wieder zur Hecke. Also umdrehen, rechts, über den Rasen, da Omas Tür, wieder rechts und ich stand an der Stelle der Hecke, wo ich durchgeflutscht war.

„Souki? Bist du wieder da?"

„Ja, Karlchen, ich war vor unserer Tür. Vorne. Ich habe jetzt echt Angst, wie komm ich wieder zurück zu dir. Karli hilf mir."

„Oh Mann, Souki was machst du für Sachen. Also pass auf. Hab keine Angst. Du gehst den Weg wieder zurück zu unserer Tür vorne. Schaffst du das?"

„Ja."

Ich zitterte und das Klopfen in meiner Brust war laut und deutlich zu hören und zu fühlen *„Bumdibum dibum, Bumdibum dibum"*.

„Dann, wenn du an der Tür bist, Kleine, dann bleibst du genau dort stehen. Hörst du? Das ist ganz wichtig. Du bleibst einfach vor der Haustür stehen und gehst nicht mehr weg. Verstanden?"

„Ja Karli, habe ich. Und dann?"

„Du brauchst nichts weiter zu machen. Ich regele den Rest."

Ich schlotterte jetzt. Meine Beinchen hatten ein eigenmächtiges Zittern angefangen und ich machte den ersten Schritt. Dann den zweiten.

Bleib ruhig, schnatterte ich mir selbst zu. Meine Zähne schlugen aufeinander.

Und wieder drehte ich mich. Der Weg schien wie ein endloser Schlauch vor mir zu liegen. Ich machte die ersten Schritte, geradeaus, Omas Tür, links auf den Rasen, wieder links. Okay. Ich war angekommen bei der Haustür. Ich machte brav Sitz, genau auf der Türmatte vor unserer Haustür.

Von drinnen hörte ich hektische Laute, Getrappel und plötzlich roch ich durch die geschlossene Tür meinen Karli.

„Bist du da Souki?"

„Ja, ich sitze hier und nun?"

„Warte, halt dir schon mal die Ohren zu."

Und dann fing er an zu Bellen und zu Fiepen. Er hörte gar nicht mehr auf. Das war eine glatte eins in der Hundeschule, was Bellen anbelangte. Er hörte nicht auf. Und es war so ein helles Bellen, welches ein Hundekenner sofort mit „Was ist denn da los? Wo ist was passiert?" interpretierte.

Ich hörte wieder Schritte und dann Mamas Stimme.

„Karlchen, ich habe jetzt keine Zeit für dich. Ich bin völlig fertig. Ich finde Souki nicht."

Karlchen bellte noch einmal sehr laut und dann hörte ich sie reden. Ich konnte mir richtig vorstellen, wie er mit dem Kopf zur Tür ging, um Mama, zusätzlich zum Bellen, irgendwie zu zeigen, dass da etwas hinter der Tür war, was sie sich unbedingt anschauen musste.

„Karlchen", Mama schien sehr aufgeregt zu sein „was ist denn mit der Tür?"

Tja und dann, wie von Zauberhand, ging die Haustür langsam auf.

Karlchen streckte als erstes seinen Kopf durch die Tür.

Dann sah ich Mama, der floss wieder diese Flüssigkeit aus den Augen.

„Souki, Souki, Mäuschen, wo warst du denn?"

Sie bückte sich zu mir runter, nahm mich auf den Arm und übersäte mein Köpfchen mit tausenden von Knutschern.

Ich kuschelte meinen Kopf in ihre Halskuhle und war nur noch glücklich.

Karlchen stand neben Mama. Lächelte er?

Ich weiß es nicht genau.

Eines weiß ich aber.

Ich werde nie wieder alleine einen Ausflug machen.

Und wenn ich diese Hupe noch einmal hinter der Hecke sehe, dann werde ich dem aber ordentlich was erzählen.

Aber nie wieder werde ich durch die Hecke davonlaufen.

Mal schauen ob ich es schaffe, darauf zu hören, also auf meine eigene innere Stimme.

Mein Klopfen in meiner Brust wurde ruhiger
„Bumdibum dibum".

Aber euch erzähle ich ganz leise, so dass es niemand anderes hört, dass ich echt eine Menge Angst hatte.

… und nicht weitersagen, ja?

Einen Ausflug ganz allein … nein danke – NIE wieder!

Kastration: Für und Wider

Es ging wieder eine Zeit ins Land, die war glücklich und friedvoll für mich und meine kleine Familie.

Allmählich wurde es wärmer, da draußen in meinem Garten. Ganz viele Blumen hatten schon diese bunten Blüten, die Mama so liebte. Der Rasen unter meinen Pfoten war warm und wenn ich mich lang auf diesen legte und mich darauf ausstreckte und mich drehte, das war wunderschön.

Meine Bauchdrüse hatte sich erholt. Die nächste Blutabnahme kam und ging, natürlich wieder mit einer - zu festen - Wickel um mein Bein, wieder ein Abmachen im Auto und alles voller Blut.
Papa hatte sich übrigens wieder super gefreut wegen der Flecken.
Der Wert der Drüse war 160, damit konnten Mama und Papa leben. Ich dann natürlich auch. Die Tierärztin sagte dann noch, dass das richtige Fressen für mich sehr wichtig ist, aber diese Drüse auch keinen Stress mag. Also Ruhe und gutes Essen, was will eine Bulldogge mehr? Eigentlich nicht viel.

Es war eine schöne Zeit, die mit Spielen mit Karlchen, Spielen mit den Ellis und vielen Spaziergängen gefüllt war.

Mama und Papa hatten sich beim letzten Tierarzttermin einen anderen Termin geben lassen. Davon wusste ich, konnte aber nichts mit dem Begriff Kastration anfangen.

Ehrlich gesagt, dachte ich zuerst auch nicht an mich, sondern eher, dass das für Karli wäre.

Dann bekam ich eine Unterhaltung von Mama und Papa mit.

„Micha, ich weiß nicht ob wir das richtig machen mit der Kastration von Souki."

BÄMM, machte es bei mir. Mein Name war gefallen. Das war mit den ganzen anderen Äußerungen so etwas wie Gefahr.

Mama roch wieder so komisch nach Angst.

Mein Klopfen in der Brust verstärkte sich. Ich beschloss, weiter aufmerksam zuzuhören. Eine vage Hoffnung machte sich bei mir breit, dass es vielleicht um ein neues Diätfutter ging oder um eine nichtige Sache, also nix Schlimmes.

Papa und Mama saßen an dem Tisch, wo sie sonst nur essen. Wenn sie dort sitzen und nicht essen, redeten sie meistens über wichtige Dinge.

„Claudi, ich weiß nicht, ob es richtig ist. Fakt ist, dass Karlchen nicht noch einmal einen Chip bekommt. Das ist jetzt genug bei ihm. Ihn wollen wir nicht kastrieren, dann bleibt nur noch die Kastration von Souki."

„Micha, ich habe echt Angst wegen der Bauchspeicheldrüse, die Tierärztin selbst sagte auch, dass die Werte jetzt super sind. Sie bekommt ihr Diätfutter, verträgt das, alles ist klasse. Wenn wir sie jetzt, und sogar noch endoskopisch kastrieren, ist das ein Eingriff in den Bauchraum. Die Ärztin sagte, das könnte einen neuen Schub bei ihr auslösen."

Ich lag auf meinem Kissen, in sicherer Entfernung, wegen dem üblen Geruch, den die beiden ausströmten. Aber doch nahe genug, um alles zu verstehen.

Papa schaute skeptisch, Mama machten im Reden eine Pause.

„Aber wir habe den Termin jetzt fest gemacht."

„Ja, in 4 Wochen ist der. Ich mache mir echt Sorgen. Ich weiß wirklich nicht ob wir es machen sollten."

Mama und Papa machten wieder eine lange Pause.

Nach der Pause kam wieder eine Pause.

Papa führte seine Tasse mit dampfender Flüssigkeit an sein Gesicht, schlürfte vorsichtig, stellte die Tasse wieder hin.

Endloses Schweigen.

Ich wurde unruhig. Ich stand auf, aus meinem Körbchen raus und ging in Richtung des Rede-Tisches. Die zwei waren so versunken in Gedanken, dass sie mich erst bemerkten, als ich direkt vor dem Tisch stand und eine leises „Brap Brap" von mir ließ.

Papa schaute zu mir.

„Hm, Souki, was sagst du denn dazu. Was machen wir mit dir?"

Ich schaute ihn an, nicht wissend, dass die richtige Antwort von mir Berge versetzt hätte.

„Papa?"

Ich versuchte alles auf eine Karte zu setzen. Ich legte meinen Kopf schief, machte meine Augen ganz groß und schob, noch mal eine Schüppe draufsetzend, meine linke Lefze leicht hoch, so dass diese an den Zähnen hängenblieb.

„Ach Souki, es ist alles so schwierig für uns. Wir wissen nicht, wie wir es machen und wenn wir es machen, ob es alles so richtig ist. Ach nee."

Jetzt schaute er mich an. Ich legte noch drei Grad in der Schiefhaltung des Kopfes drauf.

„Jetzt schau sich einer die Maus an. Wie süß du guckst."

In mir drin, da ging ein Licht auf. Erst einmal, weil Papa mich so verliebt ansah. Und im zweiten Moment ahnte und wusste ich, dass es was ganz Wichtiges sein musste, was meine Ellis da besprachen. Und ich wusste dann unweigerlich auch, dass es um mich ging. Es musste etwas Weltbewegendes sein. Etwas, das sie so, noch nie entschieden hatten. Etwas, das für mich und für sie Konsequenzen hatte.

Mein kleiner Kopf brannte auf einmal, wegen so viel Input. Meine Brust hob und senkte sich und dieses Klopfen in meiner Brust war wieder da. Schneller und lauter als sonst.

Papa bückte sich, nahm mich hoch auf seinen Schoß. Er drückte mich leicht an sich. Der Druck wurde stärker und ich legte meinen Kopf, so sitzend auf seinem Schoß, kuschelnd in seine Halsbeuge.

Er hielt mich einfach nur fest.

Ich hörte SEIN Klopfen und auch MEINS. Ich hörte es ganz genau. Es war wie das Klopfen, wenn der Papa Musik hörte. Fast ein Trommeln.

Papa drehte seinen Kopf und schaute mich an, ganz nah waren seine Augen. Ich konnte mich in seinen Augen sehen. Witzig. Ich drehte meinen Kopf leicht und da ... auch die Souki in Papas Augen drehte ihren Kopf. Ganz winzig war ich. Fast, als wäre ich in Papa drin.

Papa lächelte.

Ich beschloss ganz schnell, ihm einen unserer Nasenküsschen zu geben.

„Weißt du was Claudi?"

Die Stille wurde von ihm unterbrochen.

„Nee, was denn Micha, hast du eine Lösung?"

„Was hältst du davon, wenn wir den Termin für Souki absagen. Einfach so, weil ich das Risiko nicht eingehen will. Wegen der Bauchspeicheldrüse und auch wegen der Narkose."

„Gott sein Dank hast du es gesagt. Ich wusste nicht wie ich es in Worte fassen sollte. Bestens! Genauso denke ich auch."

„Dann ist es beschlossen?"

„Jep, ich könnte es nicht mit einem guten Gefühl tun. Ich habe solch eine Angst, dass dabei etwas passiert. Es ist schlussendlich auch keine medizinische Indikation da. Es ist nur, damit sie keine Babys bekommt."

„Ja", Papa wurde ruhiger in seiner Stimme „und wenn es wirklich passieren sollte, dann kommen wir da auch mit klar. Wir müssen halt aufpassen auf unsere Kleine und auf Karli natürlich auch."

Er lächelte und schaute zu Karlchen rüber.

Der lag noch in seinem Körbchen. Die Unterhaltung hatte ihn gänzlich unbeeindruckt gelassen. Er lag auf dem Rücken, die Vorderfüße abgeknickt nach oben haltend, die hinteren Beine völlig entspannt eins links, eins rechts, die Schnauze leicht geöffnet, den Kopf ganz gestreckt, so dass ich seinen Rochen-Kiefer sah.

Mama und Papa schauten zu ihm.

„Jetzt schau dir mal den Karl an! Er ist im Chillmodus."

Mama lächelte.

Ich saß immer noch auf Papas Schoß.

Er ergriff das Telefon, tippte irgend etwas und sprach dann in diesen Hörer.

„Ja, ich rufe an wegen Soukis Termin wegen der Kastration. Ich möchte ihn gerne absagen. Wir haben es uns anders überlegt ..."

Und das war es dann auch schon.

Karlchen schlief immer noch.

Ich werde ihm das wohl alles erzählen müssen, er hatte eine aufregende Sache einfach verpennt.

Mama stand vom Rede-Tisch auf.

Papa knuddelte mich ganz herzlich und ich durfte ihm noch ganz viele Nasenküsschen geben.

Ich war überglücklich, dass ich diese Dingsbumssache, welches die Menschen Kastration nennen, nicht machen musste.

Das Klopfen in meiner Brust war ganz leise zu vernehmen. „*Bumdibum dibum*" hörte sich nicht mehr nach ‚Rock'n Roll' an, sondern war eher eine Ballade.

Die Nacht die ALLES änderte - Teil 1

Wenige Tage nach der Entscheidung gegen diese Kastration, ging das Leben mal eine kleine Zeitspanne ohne Hochs und Tiefs seinen geregelten Gang. Also keine übermäßig hohen Berge und keine tiefen Täler. Aber es wäre ja auch zu schön gewesen, wenn es so weitergegangen wäre, so voller Frieden und Ruhe.

Es war Samstag und mir tat der ganze Bauch weh. Ich hatte vor ein paar Wochen ja meine Läufigkeit, also die Zeit, wo ich Babys bekommen konnte. Jetzt fühlte ich mich so, als wenn ich Babys bekommen würde! Der Karli war während dieser Zeit wirklich lieb, äh, also nicht lieb. Will sagen, er hatte mich komplett in Ruhe gelassen, weil er doch diesen Kastrationschip hatte. Und der tat noch seine fast volle Wirkung, als ich so wuschig war. Ich hatte mehrmals in meiner heißen Phase versucht, das Thema Babys mit ihm zu besprechen, aber es viel nicht auf wirklich fruchtbaren Boden.

Nun, mir ging es nicht so gut an diesem Samstag. Meine Mama und mein Papa sind dann auch direkt zu der netten Frau Doktor gefahren. Es war ja schließlich Samstag und das Wochenende stand vor der Tür.

Meine hinteren Zitzen taten verdammt weh. Da war auch alles ziemlich dick, angeschwollen und furchtbar heiß. Mama hatte noch schnell vorher Fieber gemessen. Das war aber wohl in Ordnung.

Als wir bei Frau Doktor angekommen waren, hatte diese mich gründlich untersucht. Sie hatte sich meine Milchleisten angeschaut und noch viele andere Sachen.

Mama und Papa waren natürlich die ganze Zeit dabei. Mama hielt mich während der Untersuchung vorsichtig, aber bestimmend fest.

„Muss die Kleine denn jetzt irgendwelche Medikamente nehmen."

Mama schaute die Ärztin an.

„Nein, das braucht sie nicht. Es kommt keine Milch aus den Zitzen. Aber die Leiste ist schon ziemlich angeschwollen. Das tut ihr höllisch weh."

Die Ärztin hatte dann noch mal Fieber gemessen. Stellt euch vor, wieder okay. Sie gab mir dann noch so einen richtig schlimmen Pikser in meinen Po. Das war ein Vitaminzeugs oder so.

Papa hielt bei der Untersuchung die ganze Zeit meinen Kopf. Er schaute mich an. Ich roch diesen Angstgeruch, der von ihm ausging. Ich versuchte meinen Kopf ein klein wenig zur Seite zu drehen.

Unsere Augen trafen sich. Auch dort erblickte ich Angst. Ich hätte ihm gerne gesagt, dass alles gut ist. Aber seine Augen sahen auch meine. Und er sah, dass es mir nicht gut ging.

Die Ärztin hatte dann noch etwas mit Mama besprochen, wegen der Schmerzmittel für mich. Ich horte es vage, aber meine volle Aufmerksamkeit hatte dieses Thema nicht. Wieder bittere Pillen, das waren meine Gedanken dazu.

Papa nahm mich vom Tisch runter und setzte mich auf den Boden. Gott sein Dank, Tier-Doc erledigt.

Wir fuhren dann schnell wieder nach Hause. Dort wartete schon Karlchen auf uns. Er war ein wenig beleidigt, weil er nicht mitfahren durfte. Ich sage euch, dass Beleidigtsein kann bei ihm andauern. Da muss ich dann richtig harte Arbeit leisten, dass er sich wieder normal verhält.

Als wir reinkamen, saß er vor dem Körbchen. Er schaute zu uns, aber machte keine Anstalten sich zu freuen. Habe ich es nicht gesagt? Voll beleidigt.

„Karlı, halllooooo, wir sind wieder daaaaa!"

Ich versuchte beschwingt fröhlich die Situation zu retten.

Aber Karli schaute wie durch mich durch. Auch Mama und Papa wurden nicht so richtig begrüßt.

„Karli, hey, alles gut mit mir. Interessiert es dich gar nicht, was die Frau Doktor gesagt hat?"

„Souki, doch, es interessiert mich schon. Aber ich habe mir solche großen Sorgen gemacht. Ich ward so schnell weg und ich durfte wieder nicht mit."

„Mensch Karlchen", ich benutzte extra seinen Kosenamen „nun sei doch nicht beleidigt. Sei froh das du nicht mit warst, sonst hättest du auch so einen Pikser in den Po gekriegt."

Dann erzählte ich ihm alles. Zur Beschwichtigung leckte ich ihm noch ein wenig den Bauch. Das hatte er mächtig gerne.

Lange hielt ich diese Stellung mit dem gekrümmten Rücken nicht aus. Es tat wieder so weh. Ich hatte doch eine Spritze bekommen, warum wurde es nicht besser?

Karlchen machte sich auch größere Sorgen. Er schaute mich an, weil ich aufgehört hatte ihn zu putzen.

„Kleine, was ist? Du scheinst wieder deine Schmerzen zu haben. Mensch du, geh' doch zu Mama, die gibt dir ein Schmerzmittel. Egal wie bitter das schmeckt, aber es hilft!"

„Nein, ich will nichts. Ich leg mich ein wenig schlafen. Vielleicht hilft das ja."

Ich legte mich in mein Lieblingskörbchen im Flur. Da hatte ich die Haustür direkt vor mir und konnte alles schön beobachten. Aber irgendwie hatte ich gar keine Lust irgend etwas zu checken oder so. Shit, mir ging es echt und wirklich schlechter.

Ich blieb den ganzen Nachmittag dort liegen. Selbst als Papa kam und unseren Spaziergang starten wollte, machte ich keine Anstalten mich zu bewegen.
Papa schaute mich ernst an. Und ich roch wieder diesen unangenehmen Geruch namens ‚Angst'.
„Souki, Mausi, dir geht es nicht gut, ne?"
Ich schaute ihn mit geneigtem Kopf mit den Augen nach oben gerichtet an.
„Ich gehe schnell mit Karli, bleib du hier."

Papa ging mit Karli los. Unter normalen Umständen wäre ich wie ein kleines HB-Männchen auf und ab gehüpft, weil ich doch so gerne spazieren ging. Aber nix bewegte mich dazu, meinem Körper zu befehlen, mich zu erheben.
Auch als Mama kam und mit mir spielen wollte, hatte ich keine Lust dazu. Selbst als sie vor mir auf den Boden lag, mit meinem kleinen Donut, machte ich ebenfalls keine Anstalten, darauf einzugehen.

Die Zeit ging weiter. Meine Schmerzen wurden schier unerträglich.

Mama und Papa redeten viel über ‚noch mal zur Tierklinik fahren' und ‚aber die Tierärztin hat doch gesagt das sie scheinschwanger ist'. Ich wusste von alldem nichts, was sie da erzählten. Ich fühlte nur diesen wahnsinnigen Schmerz.

Als wir eine kurze Zeit später noch einmal kurz - zu mehr war ich nicht fähig - im Garten waren, für den letzten Pippigang waren die Schmerzen so dolle, dass ich anfing zu hecheln. Mama und Papa waren sofort wie angestochen um mich herum. Sie kühlten meine Beine mit einem nassen Lappen. Sie boten mir Wasser an. Ich wollte das aber nicht. Zu anstrengend meinen Kopf zu bewegen. Aber der nasse, kühle Lappen war gut.

Mama hatte mich damit ganz vorsichtig abgetupft, so dass das Hecheln bald aufhörte.

Was war das nur. Ich verstand es nicht.

Die Nacht kam. Es wurde dunkel. Mama und Papa waren ganz eng bei mir. Sie hatten mich in die Mitte des Bettes gelegt, damit sie gut auf mich aufpassen konnten. Karl war direkt neben mir und ließ mich nicht aus den Augen.

„Kleine, versuch zu schlafen. Ich bin bei dir. Ich passe auf dich auf."

Ich legte meinen Kopf auf Papas Hand.

Ich schloss meine Augen und hörte das Klopfen in meiner Brust „*Bumdibum dibum*". Verdammt laut war es.

Verdammt schnell und beunruhigend unregelmäßig.

Diese Nacht werde ich nicht so schnell vergessen.

Diese Nacht war der Horror für mich und meine Ellis.

Diese Nacht sollte eigentlich nicht existieren.

Ich hasste sie ... diese Nacht im Mai.

Die Nacht die ALLES änderte - Teil 2

Ich schrak auf. Es war dunkel. Diese Schmerzen waren höllisch. Ich konnte meinen Papa fühlen und auch meine Mama. Ich merkte meine Beine kaum. Alles war schmerzhaft. Ich fiepte leise in Mamas Richtung.

„Mhhh, Souki, Souki bist du es, was ist?"

Mama rekelte sich und tastete mit der Hand nach mir.

Ich grunzte und raunte irgendwelche unzusammenhängende Laute.

Mama machte ein Schummerlicht an, um Papa nicht zu wecken.

Sie schaute mich an.

„Schatzi, was ist denn? Musst du raus? Pippi?"

Ich bewegte mich vorsichtig.

Mama stand vom Bett auf und sah, dass irgend etwas nicht stimmte. Sie hob mich aus dem Bett raus und direkt nach unten. Sie setzte mich ab. Ich konnte nicht stehen. Meine Hinterbeine gehorchten mir nicht so richtig.

Mama roch plötzlich wieder so komisch. Sie nahm mich auf den Arm und ging mit mir nach draußen in den Garten, setzte mich auf dem Rasen ab und schaute mich an.

Ich musste so dringend. Ich versuchte mich hinzuhocken, um mich zu lösen. Aber es klappte einfach nicht. Ich bekam das Pippi einfach nicht raus.

Es war 4.00 Uhr. Sonntag morgen, ganz früh und ich konnte kein Pippi machen.
Mich beschlich eine unsägliche Angst, dass es doch wohl schlimmer um mich stand, als mir alle weismachen wollten.
Mama war sehr aufgeregt, so im Innern. Das roch ich wieder. Aber nach außen blieb sie ruhig, nahm mich auf den Arm und wieder ins Haus. Sie legte mich im Wohnzimmer auf den flauschigen Teppich mit noch zwei Decken darunter. Sie streichelte mich sehr, sehr lange.
„Mein Gott, meine Souki, deine Milchleiste ist ganz schwarz, voll durchblutet. Kein Wunder, dass du solche Schmerzen hast. Mach dir keine Sorgen. Ich kümmere mich um dich."
Sie ließ ihre Hand immer und immer wieder über meinen Körper wandern. Ganz zart und beruhigend.
Irgendwann war die Müdigkeit stärker, als die Schmerzen und ich schlief ein.

Als ich aufwachte, lag Mama neben mir auf dem Boden. Ihre Augen waren zu.
Hatte sie die ganze Zeit auf dem Boden neben mir gelegen? Oh Mann, ich hatte sie so lieb.

Als ich mich nur kurz bewegte, öffnete sie ihre Augen. Sie nahm mich direkt auf den Arm und trug mich raus in den Garten. Ich versuchte mich hinzuhocken und endlich Pippi zu machen. Aber wieder klappte es nicht.

Es war 8.00 Uhr und ich konnte immer noch kein Pippi machen.

Mama roch jetzt ziemlich stark nach Angst. Sie trug mich ins Haus zurück.

Papa war auch wach geworden und kam uns schon entgegen. Mama lief ihm entgegen.

„Micha, irgend etwas stimmt überhaupt nicht mit Souki. Das sind nicht nur die Milchleisten. Das kann ich mir nicht vorstellen. Sie macht überhaupt kein Pippi mehr. Und sonst machte sie doch fast auf Kommando."

Papa bückte sich zu mir runter und streichelte mich. Ich lag auf der Seite, da waren die Schmerzen nicht so dolle.

Als er sich mir näherte, wollte ich aufstehen ... und ... ich kam nicht hoch. Meine Hinterbeine waren wie zwei kraftlose Schnürsenkel, die an meiner Hüfte hingen. Mist.

Sofort verstärkte sich der penetrante Angstgeruch um mich herum. Jetzt strömten zwei Menschen ihn aus.

Papa fackelte nicht lange.

„Ich ruf jetzt die Ärztin an. Es ist zwar Sonntag, aber vielleicht haben wir Glück, dass sie ans Telefon geht. Sonst geht es gleich in die nächste Tierklinik."

Papa nahm den Hörer und tippte und hielt ihn sich dann an das Ohr.

„Frau Doktor, entschuldigen sie die Störung an einem Sonntagmorgen, so früh. Mit Souki stimmt was nicht. Sie kann nicht mehr laufen."

Dann hörte Papa aufmerksam zu.

„OK. Wir sind um 12.00 Uhr da."

Er legte den Hörer weg.

„Mist, sie hat eigentlich keinen Dienst. Sie ist privat unterwegs. Aber sie macht die Praxis für uns auf. Sie denkt, dass sie so gegen 12 Uhr da ist. Wenn es früher wird, ruft sie an."

Der Angstgeruch wurde unerträglich. Ich hörte die Worte von Papa. Ich merkte und roch sie, die Angst der beiden.

Die nächsten Stunden zogen sich wie geschmolzener Käse in die Länge. Mama hatte mich auf eine Decke gelegt. Sie bot mir in einer Spritze immer wieder ein wenig Wasser an. Ich schleckte, mehr um ihr einen Gefallen zu tun, als dass ich Durst hatte.

Karlchen lag bei mir, ganz nah, aber nicht so nah, dass er mir weh tun konnte. Er war sehr, sehr vorsichtig.

Es war 11.30 Uhr und wir fuhren los.

Ohne Karlchen. Mama hatte lange mit ihm gesprochen und ihm erklärt, dass er nicht mitdurfte. Er verstand es und legte sich, als wir uns fertig machten in mein Körbchen, das bei der Haustür. Er war sehr still und beobachtete uns nur.

Dann ging alles sehr schnell. Papa hatte mich ins Auto getragen, ganz vorsichtig. Kurz bevor wir das Haus verließen, stellte Papa mich noch mal hin. Da stand ich, auf allen vieren. Aber die Schritte, wirklich kleine nur, die taten so verdammt weh.

Als wir bei der Ärztin ankamen, mussten wir nur ganz kurz warten, dann kam sie und ließ uns in ihre Praxis.

Sie verlor gar keine Zeit.

Es war 12.15 Uhr und ich konnte vor Schmerzen kaum atmen.

Die Ärztin war erschrocken, weil sie mich doch einen Tag vorher noch gesehen hatte. Da war noch nichts mit meinen Beinen.

Sie untersuchte mich. Nahm meine Hinterpfoten und stellte sie nach hinten.

„Da sehen sie, kein Stellreflex."

Dann nahm sie so ein Ding in die Hand und führte das zu meinen Pfoten.

„Da, auch kein Tiefenschmerz mehr. Rechts gar keiner, links ein klein wenig noch."

Die Ärztin schaute traurig aus, fand ich zumindest. Sie strich mir über den Rücken, drückte hier vorsichtig und da. Ich stand auf dem Tisch, wohlgemerkt mit allen vier Pfoten, aber es viel mir verdammt schwer. Ich hechelte die ganze Zeit vor Schmerzen.

Eine kleine Zeit verstrich, wo keiner der Menschen etwas sagte. Papa hielt mich. Mama hielt mich und die Ärztin untersuchte weiter, bis sie Mama und Papa ansprach.

„Also, folgendes. Ich würde gerne noch einmal Röntgen. Aber ich bin mir sehr sicher, dass Souki einen Bandscheibenvorfall hat. Akut. Es gibt zwei Möglichkeiten. Erstens eine Cortison Spritze, die würde ihr die Entzündung und auch die Schmerzen nehmen. Zweitens, die Option, jetzt direkt in eine Tierklinik fahren und sofort eine Not-OP durchführen lassen."

Es stank penetrant nach Angst und Verzweiflung.

Mama fing an zu zittern. Ich merkte es an ihrer Hand, die meinen Kopf hielt.

„Not-OP?" Ihre Stimme brach.

„Ja, also ich würde ihnen dazu raten. Ich kann ihr auch eine Cortison Spritze geben und wir schauen ob sich in ein bis zwei Stunden etwas tut, also eine Besserung. Aber wenn doch noch operiert werden muss, würde ich diese Spritze ungern jetzt geben, verstehen sie das?"

Mama konnte nix mehr sagen. Sie nickte nur.

Papas Geruch normalisierte sich ein wenig.

„Frau Doktor, wenn es ihr Hund wäre, was würden Sie tun?"

„Wenn es meiner wäre? Operieren! Und zwar sofort. Keine Zeit verlieren. Die Zeitschiene bei solchen akuten Bandscheibenvorfällen ist sehr begrenzt."

Sie empfahl uns mehrere Kliniken und Ärzte. Nach kurzer Besprechung entschieden meine Ellis sich für eine Klinik.

„Haben sie eine Versicherung für Souki?"

„Ja, eine OP-Versicherung."

„Super, dann fahren Sie da jetzt hin, und zwar sofort, ab ins Auto und los. Ich rufe da jetzt sofort an und kündige sie an, damit der OP fertig gemacht wird."

Und schon saß sie an einem Tisch und sprach mit dem Hörer.

Ich zitterte. War ich es, die so schlotterte oder war es die Übertragung von Mamas Zittern?

Mama weinte.

Warum weinte sie? Stand es so schlimm um mich?

Die Ärztin hatte dann noch mit meiner Mama und meinem Papa gesprochen.

Tja und dann haben mich meine Ellis ins Auto gepackt und wir haben eine sehr, sehr lange Autofahrt gemacht. Einen Ausflug? Wenn ich gewusst hätte, was an diesem Tag noch alles passierte, glaubt mir, ich wäre aus dem Auto gesprungen. Auch Mamas Hand, die die ganze Zeit während der Fahrt auf meinem Körper war, gab mir Kraft und Liebe, aber da war noch etwas anderes, was ich nicht greifen konnte.

Alles was ich so liebte, alles was mir Vertrauen gab, musste ich hinter mir lassen. Ich musste wirklich alles hinter mir lassen.

Es war 13.00 Uhr und ich hatte furchtbare Angst und furchtbare Schmerzen.

Eine kurze Zeit später, als ich im Auto, wegen des schönen gleichmäßigen Brummens, ein kleines Schläfchen gemacht hatte, wachte ich auf und war irgendwie schon auf den Armen von meinem Papa. Immer noch diese unerträglichen Schmerzen. Papa hielt mich ganz fest und wir betraten einen riesigen Raum. Da waren wir ganz allein. Mama sprach mit einer netten Frau, die an so einem langen Tisch saß.

Papa ließ mich runter.

„Schatz, versuch mal zu stehen."

Ich stand kurz, superkurz und sackte dann auf meinen Po. Keine Chance.

Es war 13.45 Uhr und meine Beine machten nichts mehr. Ich rutschte auf diesem Boden der Klinik … auf meinem Po.

Mama weinte, Papa hatte diese Tränen ebenfalls in den Augen. Er nahm mich sofort wieder auf seine Arme.
In meiner Brust machte es ganz schnell *„Bumdibum dibum, Bumdibum dibum"*. Ich hatte Schmerzen und ich hechelte, wodurch mein Körper ganz warm wurde.

Dann kam ein Arzt, holte mich und meine Ellis in ein Zimmer rein.
Mama schilderte alles, von meiner dicken Milchleiste, dem gestrigen Besuch bei meiner Tierärztin und alles was drum herum passiert war. Auch das mit meinen lockeren Schnürsenkeln an meiner Hüfte.
Der Arzt war sehr nett. Er untersuchte mich, ging zu seinem großen Klappbuch auf dem Tisch, schaute da rein, kam wieder zu mir an den Tisch, schaute sich noch mal meine Pfoten an, hörte mein lautes *„Bumdibum dibum"* ganz genau mit so einem

Schlauch an seinem Ohr und schaute dann meine Ellis an.

„Also, es ist ein akuter Vorfall der Bandscheibe. Ich würde ihre Souki gerne hierbehalten, und gleich sofort operieren lassen. Ich habe die Chirurgin schon angefunkt. Sie ist auf dem Weg."

Er besprach noch andere wichtige Dinge mit Mama und Papa.

Mir war das alles egal. Ich hechelte wieder so stark. Diese blöden Schmerzen. Hoffentlich können wir gleich wieder fahren. Der soll mir nur ein Pikser geben, dass es wieder besser wird.

Mamas Augen waren genau vor mir. Sie nahm meinen Kopf zwischen ihre Hände. Sie kam ganz nah zu mir. Oh, ein Nasenkuss. Sie blieb sehr lange so nah an meinem Kopf. Sie flüsterte mir leise etwas zu.

„Souki, meine kleine Soukini, du schaffst das! Hörst du? Du bist eine Kämpferin. Mama will, dass du das schaffst. Hörst du mich? Du musst hierbleiben. Ohne uns. Wir kommen aber WIEDER, hörst du Kleine. Also kämpfe. In Gedanken bin ich bei dir."

Mama gab mir dann einen richtig dicken Kuss auf meine Stirn. Ihre Augen waren ganz nass. Sie schaute mich noch einmal an. Papa grub derweil seinen Kopf in meinen Hals. Mein Fell war da ganz nass. Auch er hatte diese nassen Augen. Er schaute mich auch an und küsste meine Stirn.

Hey, Bahnhof! Ich möchte jetzt eine Erklärung. Echt jetzt.

Arme, deren Geruch ich nicht kannte, fassten stark und ohne Vorwarnung unter meinen Körper, nahmen mich hoch, weg von diesem Tisch. Mama und Papa standen dort und machten ganz große Augen.

Der Arzt hielt mich auf seinen Armen.

„So, ich nehme die kleine Souki jetzt mit. Jetzt muss nämlich alles ganz schnell gehen."

Ich drehte meinen Kopf und blickte zu meinen Eltern. Ich sah sie ... noch ganz kurz. Einen kurzen Blick. Wenn doch die Schmerzen nicht so groß wären.

Dann brachte der Arzt mich fort, fort von Mama. Fort von Papa. Durch die Tür, einen Gang hinunter. Weg von MEINEN Ellis. Er hielt mich ganz fest an sich gedrückt. Er roch gut. Das war kein übler Geruch. Das war ein Geruch, der mir sagte „Alles wird gut".

Ich war in einem anderen Raum. Hey, nette Mädels waren da. Sie sprachen mich an.

Ich bekam aber wegen dieser dollen Schmerzen nicht allzu viel mit.

Der Arzt gab mir einen Pikser.

Oh, hier kriege ich die Spritze, damit alles gut wird. Ich schaute mich um. Viele Menschen waren da. Eine nette Frau hielt mich in ihren Armen. Meine Beine hielten mich ja auch nicht wirklich.

Der Pikser tat weh. Aber ich dachte das ... ist doch prima ... mir wird so komisch ... können die ... hallo ... was ist nur los mit mir ... ich werde so ... mü ...

Dunkelheit ...
Geräusche ...
Traumlos ...
Geräusche ...
Schwarz ...
Stille ...

Die Nacht die ALLES änderte - Teil 3

Ich öffnete meine Augen.
Wo war ich?
„Hallo Souki, na', da bist du ja endlich."
Eine unbekannte, aber liebe Stimme sprach mich an.
Ich konnte meinen Kopf nicht bewegen. Irgend etwas war um meinen Hals.

Schwärze und Dunkelheit.

„Mäuschen, komm, werde mal wach. Souki? Souki komm, mach deine Augen auf."
Wieder eine neue Stimme.
Ich war so müde. So unendlich müde. Wo war ich nur? Wo sind Mama und Papa?

Dunkelheit.

„So meine Süße, jetzt mach mal deine Augen auf. Wachwerden Souki."
War das Mama? Mamaaaaa. Ich schrie fast in Gedanken ihren Namen.
Ich öffnete die Augen ein wenig. Es war so hell, fast grell.

Vor mir war eine Frau, die ich nicht kannte. Nicht Mama!

„Souki, da bist du ja. Endlich bist du wach. Willkommen zurück aus deinem tiefen Schlaf. Ich mache dir mal die Halskrause ab. Dann geht es dir gleich schon viel besser."

Dieses Ding, was um meinen Hals war, wurde mir abgenommen.

Ich bekam in meinen Po eine Spritze. Ein Pikser, den ich kaum merkte und auch nur verschwommen wahrnahm.

Mein Körper war ganz schlapp. Ich konnte mich kaum bewegen. Ich horchte in mich rein. Waren die Schmerzen noch da? Schwach, ganz schwach.

Es wurde dunkler in dem Raum.

Ich schlief wieder ein.

Als ich erneut durch eine helle Stimme wach wurde, hob ich meinen Kopf.

„Ah, Kleine Maus, schau mal, da ist ja jemand neugierig. Na du."

Hände streichelten mich, gingen entlang meines Rückens, vorsichtig tastend bis zu meinen Hinterbeinen.

Ich hob meinen Kopf ein wenig höher. Da stand eine Schüssel. Die Hand reichte mir die Schüssel und schob sie direkt unter meine Schnauze. Meine Zunge war irgendwie ganz von selbst im dem kühlen Nass. Langsam trank ich. Das tat gut.

Wieder waren Hände auf meinem Körper und streichelten mich.

… und wieder schlief ich ein.

Das nächste Mal, als ich meine Augen öffnete, erblickte ich andere Augen.

Hey, die kenne ich, der Arzt von eben.

„Na Souki, das war ja fünf vor zwölf. Jetzt musst du aber kämpfen, kleine Maus, hörst du. Kämpfe!"

Das hatte Mama auch gesagt. Wo war sie?

Ich fühlte sofort eine Traurigkeit. Tiefe unendliche Traurigkeit, wo waren Mama und Papa?

Mir wurde wieder eine Schüssel gereicht. Das war kein Wasser. Das roch herrlich nach Fressen. Ich kam nicht so richtig mit dem Kopf in die Schüssel. Da spannte irgend etwas an meinem Rücken.

Hände gingen in die Schüssel, nahmen eine kleine Menge von diesem köstlichen Futter und führten es zu meiner Schnauze. Herrlich, es roch so gut und *Schwups*, war es in meinem Maul. Ich nahm ein paar Stücke. Dann war ich satt.

Ich inspizierte das, was um mich herum war. Ich hatte Platz, ich lag ausgestreckt in so einer Box, mit Gitter vor meinem Zimmer. Ich hörte Bellen von rechts und von links. Da waren wohl noch andere hier. Andere Hunde. Ich konnte sie aber nicht sehen, nur hören. In dem Raum vor mir sah ich ab und an Menschen, die redeten.

„Souki, Hallo."

Wieder eine neue Stimme.

„So, meine kleine Souki, dann werden wir mal schauen, ob du Pippi machen musst."

Hände, die überall waren, nahmen mich aus meiner Box heraus. Ich kuschelte mich sofort in die Arme. Wenn Mama und Papa nicht da waren, dachte ich bei mir, dann tuen es auch andere warme Hände. Man ist als Hund und Bulldogge ja flexibel.

Man trug mich raus, ich fühlte einen schwachen Hauch von Luft. Ganz vorsichtig setzte mich diese Frau auf den Boden.

Rasen, hey, das kenne ich, das kommt mir total bekannt vor.

Es war Mittwochabend, drei Tage nach meinem tiefen Schlaf, und ich ließ mein Pippi auf den Rasen laufen.

Um meinen Bauch war ein Band, das mich irgendwie hielt, so nach oben gezogen. Es war mir egal. Es tat so unendlich gut, mich lösen zu können.

Und wenn ich dann gerade in dieser Position bin, dachte ich so bei mir … löste ich auch etwas anderes.

Die Frau war ganz happy, hm, okay.

„Das ist fein, das hast du gut gemacht, du kleine Kämpferin."

Und dann war ich auch schon wieder auf den Armen und in meiner Box.

Ich könnte jetzt sagen, ich richte mein Zimmer ein. Nun das wäre leicht übertrieben. In meiner Box lag ein Handtuch. So oft ich konnte, legte ich meinen Kopf darauf. Das roch nach Mama und Papa.

Ich erinnerte mich schwach, dass mir jemand dieses Handtuch in mein Zimmer gelegt hatte mit den Worten „schau mal, etwas von daheim".

Der Geruch von Mama, Papa und Zuhause war so stark in diesem Handtuch, dass ich schnell wieder einschlief. Wasser, Fressen, Pippi und ich fühlte mich gut.

Ab jetzt war es wie ein Urlaub im fünf Sterne Hotel. Die netten Menschen waren immer da, um mir leckeres, gut duftendes Fressen in mein Zimmer zu stellen. Wasser hatte ich auch. Und nicht zu vergessen mein Ellis-Handtuch mit Duft. Alles war bestens. Viele Menschen kamen zu mir, untersuchten mich und bewegten immer meine Beine hin und her. Ich schlief auch sehr viel.

Wieder wurde es dunkel und wieder hell. Ich konnte es sehen, am Ende des Raumes war ein Fenster.

Ich wartete auf mein Fressen. Ich hatte Hunger und ich musste auch mal raus. Ob die nette Frau mich wieder raustrug. Ja, da war sie.

„Guten Morgen mein Schätzchen. Na, hast du gut geschlafen? Heute ist ein wunderschöner und ganz besonderer Tag, weißt du."

Ich wusste, dass er schön wird, wenn ich endlich raus auf den Rasen konnte. Ja, dann wird er schön.

Ich wurde dann auch schnell rausgetragen und wieder mit einem Band gehalten. Diesmal zog es aber nicht so nach oben. Und als ich Pippi gemacht hatte, bemerkte ich, dass ich auf meinen vier Pfoten stand. Kein Zug nach oben.

„Na, siehst du, das klappt doch super. Ich glaube, dass ich dann gleich eine ganz große Überraschung für dich haben werde."

Überraschung? Wo? Was?

Nun, Französische Bulldoggen sind richtige kleine Überlebenskünstler. Erst müssen mal die grundlegenden Sachen erledigt werden, wie Fressen.

Kurze Zeit später kam diese nette Frau wieder zu mir an mein Zimmer. Sie hob mich raus. Ich musste doch gar kein Pippi, ich hatte doch schon alles erledigt. Sie tat mir irgend etwas um, was mir bekannt vorkam. Ein Geschirr! Mein Geschirr? Ich roch es doch ganz deutlich. Das war meins. Hatte Mama mir das auch dagelassen?

Sie hob mich auf ihre Arme und raus aus diesem Zimmer mit den vielen Boxen.

Da war ein langer Flur. Sie setzte mich ganz vorsichtig auf den Boden.

Mit kleinen, staksigen Schritten bewegte ich mich vorwärts.

Was war das?

Dieser Geruch? Ich kannte ihn.

Ich blickte nach vorne, da am Ende des Ganges standen zwei Menschen. Meine Augen waren so glasig. Ich konnte es nicht richtig sehen.

Der Geruch wurde stärker.

Meine Beinchen wollten sich instinktiv schneller bewegen, aber es ging nicht.

Und dann sah und roch ich es ... da waren ... Mama und Papa.

Mama fiel vor mir auf den Boden. Papa kniete sich ebenfalls hin.

Ich stakste langsam in ihre Arme, in die Arme meiner Eltern.

Und in meinen Augen wurde es nass.

Jetzt wird alles gut, das waren meine ersten Gedanken.

Jetzt schlug in meiner Brust mein *„Bumdibum dibum"* wieder schneller. Vor Freude.

Mama streichelte mich unentwegt. Sie küsste mein ganzes Gesicht.

Papa weinte auch, aber das war kein Angstgeruch.
Das war ein guter Duft. Freude.
Ich war wieder bei Ihnen.
Alles andere war nun egal.
Und sie nahmen mich wieder mit.
Mit nach Hause.
Nach Hause ... zu Karlchen.

Ich bin noch IMMER da!

Die Fahrt nach Hause war wunderschön, auch wenn ich die meiste Zeit verschlafen hatte. Ich lag in meiner Box auf dem Rücksitz. Neben mir saß Mama und Papa fuhr das Auto.

Mama hatte den Reißverschluss der Box offen und eine Hand lag die ganze Zeit auf meiner Pfote. Sie hielt sie fest, ganz zart, ab und an drückte sie vorsichtig zu, um mir zu sagen ‚Ich bin da'. Ich schloss immer wieder meine Augen. Und jedes Mal, wenn ich sie aufmachte, sah ich Mamas Augen, die mich lieb anschauten. Sehr gut, dachte ich mir.

Als ich das nächste Mal meine Augen öffnete merkte ich, dass das Auto stand und das laute Geräusch nicht mehr da war.

„Souki Schatz, wir sind zu Hause, schau mal, das kennst du."

Mama streichelte meinen Kopf. Ich hob ihn vorsichtig. Aber ich war einfach zu schwach und so unendlich müde. Mir war alles egal, denn Mama war da.

Ich merkte, dass Papa plötzlich vor mir war. Er hob mich langsam und sehr vorsichtig aus meiner Box. Dann trug er mich eng an sich gedrückt ins Haus. Ich schnupperte mit meiner Nase die Gerüche auf. Ich blickte in das mir bekannte Wohnzimmer und dann war mir klar, dass ich wirklich zu Hause war. Mein Kopf wurde wieder so schwer. Da, an dem Sofa stand eine Box. Darin legte der Papa mich. Ganz viele bekannte Gerüche kamen an meine Nase. Meine Kuscheldecke mit den Herzen. Mein Fuchs lag auch dort. Alles so bekannt. Ich legte meinen Kopf auf meine Decke und schloss die Augen. Beim Rübergehen in den Schlaf dachte ich noch ‚Wo ist Karli?' Aber dann war ich schon im Traumland. Nach Hause kommen war doch anstrengender, als ich dachte.

„Souki?"

Ich hörte Mamas Stimme. War das schön. Das konnte sich echt keiner vorstellen, was ich für eine Freude beim Aufwachen hatte. Ich öffnete meine Augen und sah Mama! Super gut.

„Guck mal Souki, wer dich gerne begrüßen möchte?"

Ich drehte meinen Kopf und erblickte durch das Gitter der Box KARLI.

Reglos stand er da und schaute mich an. Er ging mit seinen Augen meinen ganzen Körper ab. Er sah wohl auch die lange Naht mit Fäden, die auf meinem Rücken war. Er kräuselte ganz leicht seine Stirnfalte. Dann kam er ganz nah an das Gitter und zog die

Luft durch die Nase ein, mehrmals hinter einander. Dann entspannte sich sein Blick.

„Kleine, Kleine, du bist wieder da! Endlich. Ich wusste nicht ob ich jemals wieder in deine Augen blicken würde. Meine Souki, du bist endlich wieder zu Hause. Jetzt wird alles gut. Dein Karl passt ab jetzt auf dich auf."

Ich blickte ihn an. In seinem Blick lag soviel Liebe.

„Karli, hallo, so schön dich zu sehen. So unendlich schön. Ich bin nur so müde, Karl."

„Schlaf dich aus. Papa hat mir alles erzählt. Wir passen alle auf dich auf, schlaf Kleine."

Und schon schloss ich meine Augen.

Ich machte sie dann noch einmal kurz auf, nur um zu sehen, ob ich wirklich zu Hause war und ob Karli wirklich noch bei mir war. Ja, war ich, Karlchen hatte sich der Länge nach vor die Box gelegt und schaute mich an.

„Nun mach endlich deine Augen zu, Kleine. Köpfchen auf die Decke und schlaf. Schlaf dich gesund. Alles ist gut."

Mama legte eine Hand auf meinen Kopf und summte unser Schlaflied.

„Guten Abend … gute Nacht … mit Rosen bedacht …

… und ich schlief schon, selig und ruhig, ein.

Ein neuer Tag und neue Regeln

Als ich erwachte, hatte ich erst panische Angst, dass ich nicht zu Hause war. Ich öffnete meine Augen. Aber alles war gut. Karlchen lag immer noch vor meiner Box und schaute mich mit großen Augen an.

„Du kleine Pennbacke."

Er blickte mich zärtlich mit einem ganz weichen und lieben Blick an.

Ich versuchte mich zu strecken, wisst ihr, so wie Hunde das machen. Aber es klappte nicht. Mein Rücken schmerzte, wenn ich mich streckte. Also gähnte ich stattdessen herzhaft.

„Karli, boah, ich habe so tief geschlafen. Ich wusste im ersten Moment gerade gar nicht, wo ich war. Aber es ist alles gut. Ich bin bei euch!"

„Jep, definitiv, meine kleine Souki. Das bist du. Und du hast geschnarcht, wie eine Große."

Und da waren auch Mama und Papa. Sie öffneten meine Box und ich versuchte meine Hinterbeine so zu drehen, dass ich mich hochstemmen konnte. Mit dem linken ging das super. Nur der rechte, hintere Schnürsenkel wollte einfach nicht in diese eine Stellung, damit mein Po nach oben ging.

Mama sah das. Sie strich mit der Hand seitlich hinunter, schob eine Hand unter meinen Po. Tada!

Ich stand. Vorsichtig hielt sie ihn weiter und ich stakste aus der Box heraus. Endlich wieder mobil, das waren meine ersten glücklichen Gedanken.

Papa saß direkt vor mir und begrüßte mich.

„Da ist ja unsere Souki. Endlich. Endlich, bist du wieder ganz bei uns. Du hast so lange geschlafen. Dann wollen wir mal schauen, was der neue Tag uns bringen wird."

Ich ging auf wackeligen Beinen, die ganze Kraft drückte ich in meine Hinterbeine, ein paar Schritte. Es ging. Kein Wunder. Mamas Hand war immer noch leicht unter meinem Po.

„Souki, Mama lässt jetzt los."

Dann war die Hand weg. Ich stand immer noch. Aber da knickte mein rechtes Hinterbein weg. Sofort war Mamas Hand wieder da. Ich legte mich langsam hin, vor die Box. Das war erst mal wichtig. Davor. Nicht darin!

Tja und dann … Ach, das Leben kann so schön sein. Mama ging in die Küche. Ja, ihr könnt es euch vorstellen. Sie kam mit einem großen Teller wieder zu mir.

Der Karl machte auch schon ganz große Augen, seine Ohren stellten sich wie Batman ganz hoch.

Und dann roch ich es. HÜHNCHEN!

„Schau mal Souki. Ich habe extra für deine Rückkehr etwas ganz Leckeres gemacht. Dein Leibgericht. Hühnchen!"

Als wenn ich das nicht schon längst gepeilt hätte.

Sie gab mir ein paar kleine Stückchen. Die verschwanden mit einem komischen schmatzenden Geräusch sofort in meinem Maul.

„Nicht so hastig Souki. Du hast eine schwere OP hinter dich gebracht. Langsam. Du bekommst immer wieder ein paar kleine Stückchen. Nicht so hastig, kleine Soukini."

Was war das lecker. Schmatzofatz. Und dann war der Teller auch schon wieder weg. Einfach so.

Karlchen hatte auch etwas abgestaubt. Mama sagte so etwas wie, weil er so wahnsinnig lieb war, mit Warten allein und überhaupt.

Ich trank dann noch ein wenig Wasser.

Ich schaute mich um, ein wenig wacher als Stunden vorher. Ja, ich war wirklich und echt wieder zu Hause. Ich sah durchs Fenster den Garten. Meinen Garten. Ich sah das Sofa. Mein Sofa. Ich sah die Blumen und meine Spielsachen auf dem Boden. So, als wenn es eben erst gewesen wäre, dass das mit den schlimmen Schmerzen passiert war.

Ich zog die Luft ganz tief durch meine Nase. Ja, ich war zu Hause. Ganz und gar und wirklich.

Papa nahm mich vorsichtig auf den Arm. So wie die Ärzte der Tierklinik es ihm gezeigt hatten. Eine Hand unter den Brustkorb und eine von hinten zwischen meine Hinterbeine. Starke Arme hielten mich fest. Wir gingen in den Garten. Karlchen, neben Papa gehend, schaute mich von unten her an.

„Hast du es gut. Du wirst jetzt immer getragen werden, du kleine Prinzessin. Full Service, nennt man das."

Auf dem Rasen hatte Papa mich wieder runtergelassen.

Ich merkte den Rasen unter meinen Pfoten.

Er war nass. Die Halme, die ein wenig länger waren, kitzelten meine vorderen Pfoten. Komisch, dachte ich noch so bei mir, an meinem einem Beinchen, da merkte ich die Grashalme gar nicht. Ich ging vorsichtig ein paar Schritte weiter und hockte mich hin, ich musste so dringend Pippi. Da ging mein rechtes Hinterbein auch schon weg. So nach hinten, Mitte.

Es lag genau da, wo mein Pippi rauskam. Ich merkte noch nicht einmal, dass meine Pfote warm und nass wurde.

Papa sah es wohl.

„Macht nix Mäuschen, das machen wir gleich sauber. Das ist nicht schlimm. Was heute nicht klappt, klappt vielleicht morgen."

Er nahm mich wieder auf den Arm.

Ich kuschelte mich an ihn. Ich blieb ganz ruhig in seinen Armen. Erstens weil der Rücken ziepte, wenn ich mich drehte und zweitens, weil ich so froh war, wieder seine Wärme zu spüren. Ich zitterte.

Er trug mich die Stufen wieder hoch.

„Souki, es werden keine Treppen mehr gelaufen."

Er sagte das mit Nachdruck.

Hä, ich verstand nur Bahnhof.

Karlchen schaute mich, immer noch neben Papa verweilend, wieder an.

„Das wird ein wahres Potpourri an neuen Regeln für dich geben."

Ja, und so war es auch. Regel Nr. 1: keine Treppen mehr gehen. Regel Nr. 2: nicht mehr aufs Sofa und das Bett springen. Regel Nr. 3: keine Zerrspiele mehr (die ich so furchtbar liebte). Regel Nr. 4: erst mal nur mit Leine und Halsband. Auch im Haus. So ging es weiter. Mama und Papa erklärten mir in einer Ruhe und sichtlich vorbereiteten Rede, auf was jetzt alles verzichtet und geachtet werden musste.

Mir wurde schlecht! Außerordentlich schlecht. Ich hoffte wirklich, dass das Hühnchen in meinem Magen bleiben würde.

Ich lag wieder, nach einer langen Ansprache und vielen neuen Regeln in meiner Box.

Mama hatte meine flauschige Decke hinter mich gelegt. Sie war wie eine überdimensionale Wurst gedreht, eine Stütze für meinen Rücken.

Ich blickte durch die Gitterstäbe, die mich übrigens überhaupt nicht störten, wieder auf Karl, der natürlich vor meiner Box lag.

Ich fasste den Tag in Gedanken zusammen.

Hey, komm, sagte ich mir, DU lebst. Du bist zu Hause. Bei Mama, Papa und Karli. Leckeres Hühnchen. Nicht zu vergessen.

Regeln! Hm, damit schwächelte ich gedanklich ein wenig. Aber alles in allem, so unterm Strich, war ich glücklich. Ich legte meinen Kopf auf das Ende dieser Deckenwurst und war begleitet von Karlchens Schnarchen sofort - na wo wohl? – im Traumland.

Als ich begann in den Schlaf zu sinken, hörte ich in mich hinein.

Es machte *„Bumdibum dibum"*, ganz leise und gleichmäßig.

Ich hörte noch einmal. Ja, alles ganz ruhig.

Und mit diesem leichten, leisen Klopfen begleitet ... schlief ich ein.

Netter Besuch von einer netten Frau

Meine Zeit tagsüber im Kennel wurde weniger. Meine Ellis hatten mir noch extra einen Laufstall besorgt. Mit einer Tür, damit ich allein dort rein und raus konnte. Und auch, damit der Papa und die Mama sich nicht bücken mussten, um mich dort raus zu heben. Der Kennel aus Metall, den ich wirklich gerne mochte, wurde ins Schlafzimmer gebracht. Mama hat dann noch eine super Matratze für mich gekauft. Ihr könnt euch nicht vorstellen, wo ich jetzt drauf nächtige. Ihr braucht nicht zu raten, da kommt ihr nicht drauf. Es ist eine orthopädische Matratze. Eine mit so einem Visko-Schaum. Und das ist nicht nur etwas für alte Hunde, nein! Die passt genau in meinen Kennel rein. Da liegt man so phantastisch drauf, dass ist der absolute Hammer. Da ist der Rücken immer gerade.

Mama legte nämlich sehr viel Wert auf meinen geraden Rücken. Sie sagte dann immer, dass im Schlaf der Körper ganz sanft gebettet werden muss, gerade bei frisch operierten Hunden, wie mich.

Erst war ich ganz skeptisch, also beim ersten Mal auf dieser tollen Matte. Die gibt nur dort nach, wo ich draufstehe oder liege. Liegt man erst einmal, ist es wie auf einer Wolke.

Weil ich so super darauf gelegen habe, hatte die Mama dann noch eine fürs Wohnzimmer gekauft. Damit ich auch dort gerade liege. Mama schaute sich dann zufrieden an, wie ich so auf dieser Matratze lag.

„Weißt du Soukini ... du liegst da wirklich wie eine kleine Prinzessin auf deiner orthopädischen Matratze."

Karlchen durfte ab und an auch mit auf die Matte. Er hatte sich sofort hingelegt, Rücken war gerade und *schwups*, schlief er schon ein.

Mama und Papa hatten dann noch eine nette Frau eingeladen. Als sozusagen mein Besuch. Die kannten sie noch von einem kleinen Unfall, den Karlchen mal hatte. Sie hatte ihm damals super toll geholfen. Nun, da es ganz wichtig ist, nach so einer Operation, die ich hatte, auch eine Therapie für den Körper zu machen, luden sie sie ein.

Die Frau heißt Ramona und ist, hoch wichtig ausgesprochen, eine Physiotherapeutin. Und weil der Weg so lang zu ihr ist und sie gerne Auto fährt, kommt sie zu uns nach Hause und machte ganz viele Übungen mit mir.

Heute war so ein Tag. Ich war schon ganz aufgeregt und wartete auf meinem Lieblingsplatz an der Tür. Manche Rituale gibt man nämlich nie auf. Ich hörte sie schon, als sie mit ihrem Auto um die

Ecke fuhr. Ich fing an zu bellen. Vor Freude und natürlich auch, ‚Mein Zuhause'. Ist klar oder?

Dann kam sie endlich rein. Ramona hat auch einen Hund, den Axor, einen Boxer. Den rochen Karlchen und ich sofort. Kennen tun wir ihn nicht. Aber ich kann mir anhand des Geruches vorstellen, dass er ein ganz toller Kumpel ist.

Ramona hatte mich, wenn sie mich therapierte und wenn sie an meinem hinteren Bein den Muskel bearbeitete, von ihm erzählt.

Ich hörte dann ganz aufmerksam zu. Ich konnte mir richtig vorstellen, wie er durch den Garten flitzt und mit seinem Eimer spielt.

Ramona ist eine ganz liebe Frau. Sie ist sofort, als ich aus der Klinik kam, zu uns gekommen, hatte mich vorsichtig untersucht und sich meine lange Narbe auf dem Rücken angeschaut und hatte Mama viele Tipps gegeben, dass sie die ganzen vielen Übungen auch allein mit mir machen konnte.

Und weil ich sie so nett finde, kam sie am Anfang, zwei Mal die Woche und dann später einmal die Woche und dann alle zwei Wochen. Als Ramona sagte:

„Souki macht sich so prima, die Naht ist nicht verklebt, das Gangbild sieht schon super aus, die Muskulatur baut sich langsam auf, da war Mama wieder am Weinen. Nicht vor Angst oder so, nein, ich glaube sie hatte sich ganz dolle gefreut. Die

Tränen liefen einfach aus ihren Augen, ohne das schluchzen, was sie manchmal dabei macht. Es waren, glaube ich, stille Tränen des Glücks.

Ramona hatte uns noch eine ganze, ganze Zeit begleitet. Das war der Mama ganz wichtig. Denn der Arzt in der Klinik hatte ja gesagt „Wir operieren ‚nur', die Physiotherapeuten retten uns immer den Ar... „(anderes Wort für Popo). Echt, das hat er wirklich und wahrhaftig gesagt.

Mir ging es auch zusehends besser. Mein Beinchen hinten rechts merkte so kleine Sachen, wie das Pusten von Mama an der Pfote. Dann zuckte das so. Ich bin dann sofort mit meiner Schnauze hin, weil das so kribbelt.

Mama sagte, dass das ein gutes Zeichen ist, wenn ich mit der Schnauze sofort dahin ging.

Und dabei hat die Ramona mir sehr geholfen.

Ich hatte ja am Anfang des Buches geschrieben, wenn ich jemand vergessen sollte, wegen Danke sagen, würde ich es nachholen im Buch. Nun, hier habe ich es nicht vergessen, sondern ich wollte da extra drüber reden und an genau dieser Stelle **„Danke Ramona"** bellen.

Und das auch in Fett, wie versprochen.

Also, ich hoffe ja, dass mir so etwas nicht nochmal passiert, also mit dem Rücken. Aber wenn, ja wenn, (klopfe dreimal auf irgendeine Holzlatte), dann ruft die Mama als allererstes Ramona an. Da bin ich mir sicher.

Und jetzt war ich so kaputt von der Physio und dem Schreiben, dass ich erst mal ein Nickerchen machen muss.

Freunde, die man nicht persönlich kennt

Ich habe viele Kumpels, Zweibeiner und auch Vierbeiner. Am allerliebsten habe ich natürlich meinen Karl. Aber Papa sagte immer, dass das nicht mein Kumpel ist, sondern dass wir zwei wie ein altes Ehepaar sind. Also sind Karlchen und ich ein Paar, so ohne Trauschein, aber mit sehr viel Liebe füreinander.

Ich weiß, dass mein Karlchen in seinen eigenen Geschichten schon von unserer Facebook Seite erzählt hatte. Für alle, die sich nicht mehr erinnern, kann ich das aber gerne noch einmal wiederholen.

Also der Papa hatte so eine Seite gemacht, wo er jeden Tag, manchmal machte die Mama das auch, Fotos von Karli und mir reinstellte. Er machte viele Fotos von uns. Jedes Mal machte es dann *Klick* und nochmal *Klick* und dann hatte er ganz viele Fotos von uns beiden. Manchmal bearbeitete er diese Fotos auch. Das sieht dann ganz toll aus. Er schreibt jeweils zum passenden Foto etwas dazu und die Menschen können das dann lesen.

In der Zeit, wo ich es im Rücken hatte, haben Papa und Mama natürlich auch viel gepostet. Obwohl, wenn ich es mir so richtig überlegte, hatten die zwei eigentlich kaum Zeit irgend etwas dort zu machen, weil sie ja viel Arbeit mit mir hatten.

Bei Facebook gibt es ganz viele verschiedene Seiten und auch Gruppen. Meine Ellis sind in vielen von diesen Gruppen. Aber eine Gruppe, die hat etwas gemacht, was für mich und ganz besonders meine Ellis etwas wirklich Wunderbares war. Die Gruppe war nicht sonderlich groß, also da sind keine Tausend Zweibeiner drin. Aber die, die dort drin sind, die haben das auch gelesen, was mir passiert war. Und da diese Operation und die Matratzen und die Physio und alles Drum und Dran wegen mir, so wahnsinnig viel Geld gekostet hat (Papa sagte, ich wäre jetzt ein Auto?), haben diese Menschen gesammelt, Sachen versteigert und ganz viel gemacht. Da ist wirklich eine Menge von diesem Zeug zusammengekommen, was Menschen brauchen, um zu leben. Also diese Scheine und das Klimperzeug. Mama und Papa hatten davon die Physiotherapie für mich bezahlt. Könnt ihr euch das vorstellen?

Da sind Menschen, die sind in Notsituationen füreinander da! Diese Gruppe, deren Namen ich nicht nennen darf, weil sie geheim ist, hat ein Motto ‚Einer für alle und alle für einen'. Ist das nicht toll. Ich war eine davon ... und alle haben mir geholfen. Das hat mich und auch meine Ellis richtig glücklich gemacht. Sorgen hatten sie ja schon genug. Das Geld, was da zusammengekommen ist, bekommt die Ramona, damit sie so richtig ordentlich viel Physio bei mir machen kann. Dass es mir dann auch irgendwann richtig gut geht und ich mit Karli wieder im Garten um die Wette laufen kann.

Also ich möchte jetzt **DANKE** sagen, an diese eine besondere Gruppe. Und zwar wieder fett! **Danke Y.M.a.F.** und allen Mitgliedern für diese sagenhafte Hilfe.

Und ihr glaubt gar nicht, wie viele nette Menschen aus dieser Gruppe Mama ihr Ohr geliehen haben und ihr ganz viel über meine Krankheit erzählt haben. Sie haben ihr geholfen, um mir zu helfen. Ganz tolle Menschen sag ich euch.

Auf unserer Seite haben ebenfalls ganz viele meine Geschichte verfolgt. Und in anderen Gruppen auch. Ich war sozusagen in vielen Gruppen mit meinem kaputten Rücken vertreten. Papa hatte mir jeden Abend, egal wie schlecht es mir ging, alle Kommentare und Glückwünsche vorgelesen. Und dann, ehrlich, ging es mir sofort ein wenig besser. Wisst ihr, wenn ich dann hörte, wie viele Menschen und deren Fellnasen mir Bilder, liebe Worte und baldige Genesung gewünscht hatten, dann habe ich immer meine Ohren ganz dolle aufgestellt und meinem Papa gelauscht.

„Souki, jemand schreibt, dass sie bei Ihrem Hund auch so etwas hatten, wie du hast. Dem geht es schon wieder richtig gut. Sie wünschen dir alles Liebe."

Ich war immer richtig erleichtert, wenn Papa das vorlas. Weil ihm die Worte der Anderen auch guttaten. Er seufzte dann immer ganz lang und manchmal lächelte er. Und ihr wisst ja, wenn es meinem Papa guttut, tut es mir auch gut. Die ganzen lieben Worte sorgten letztendlich dafür, dass wir abends, wenn alles zur Ruhe kam, im Wohnzimmer auf dem Boden lagen und den Tag ausklingen ließen.

„Heute war ein guter Tag, findet ihr nicht?"

Papa legte sich gemütlich neben mich und streichelte sanft mit kleinen kitzeligen Bewegungen mein rechtes Hinterbein. Das war so eine verdeckte Physioanwendung. Als wenn ich das nicht wüsste.

Karlchen legte sich direkt auch zu Papa. Wenn er merkte, dass ich eine Massagestunde bekam, schreit er sofort ‚Ich auch'.

Mama hatte dann ihren Hörer in der Hand und liest vor.

„Und jemand schreibt hier, dass es ihm so leidtut, dass dir das passiert ist. Er wünscht dir gute Besserung."

Papa kitzelte weiter mein Bein. Es zuckte auf einmal ganz doll.

„Schau mal, Claudi, das Bein! Es zuckt."

War das etwas Schlimmes? Ich hatte das Zucken bemerkt und machten mir schon wieder Sorgen.

„Schau Souki, dein Beinchen, allmählich kommt das Leben zurück."

Mama und Papa freuten sich ganz maßlos.

„Heute ist ein guter Tag, dein Beinchen zuckt."

Papa freute sich wie ein Schneekönig.

Nun, dann freute mich das auch. Es kribbelte wirklich in meinem Bein. Und wenn das nix Schlimmes ist, umso besser.

Wir haben dann noch eine ganze Zeit so da auf dem Boden gelegen. Es war richtig schummerig in dem Raum, so dass ich dann auch sehr müde geworden bin. Ich horchte in mich hinein und hörte mein Klopfen *„Bumdibum dibum"*. Leise und gleichmäßig. Alles war gut.

„Souki, komm, Papa bringt dich nach oben, in deinen Kennel."

Er nahm mich sanft auf seine Arme und trug mich ins Schlafzimmer. Er setzte mich vorsichtig vor dem Kennel ab.

Ich merkte gerade noch, wie er mir das Halsband abnahm. Dann noch zwei Schritte und ich, seine Prinzessin, war auf meiner orthopädischen Matratze. Mein kleines Spielzeug lag da und Mamas Tuch mit ihrem Geruch. Ich kuschelte mich sofort hinein in das Tuch. Meine Augen wurden sehr schwer. Ich öffnete sie noch einmal um zu sehen, ob das Rudel komplett war. Ja, alle waren da.

Mama warf mir noch ein Küsschen mit ihrer Hand zu, Karlchen legte sich oben aufs Bett mit dem Kopf in meine Richtung.

„Kleine, schlaf schön. Ich passe auf dich auf. Keine Sorge, in dem Kennel passiert dir nichts. Da hast du Platz für dich allein und dein Rücken bleibt gerade."

Und mit diesen Worten schloss ich meine Äugelein und fiel in einen traumlosen Schlaf.

Oder träumte ich doch? Wer weiß!

Gute Nacht.

Krallenschneiden – Heißt es Maniküre oder Pediküre?

Wenn man wie ich, den ganzen Tag mehr oder weniger in Schonhaltung ist, Spaziergänge nur kurz oder etwas länger, aber immer an der kurzen Leine hatte, dann ist das für einen agilen, also sehr lebhaften Hund wie mich schon echt blöd. Ich weiß ja, dass es meinem Rücken nicht guttut, wenn ich an der Leine ziehe. Ich weiß auch, dass ein plötzliches Sprinten nach vorne wirklich nicht gut für meine Bandscheiben ist. Ich möchte aber doch so gerne rennen und an der Leine ziehen. Das bin nun mal ich.

Mama und Papa passen immer wahnsinnig auf. Zu Hause hatte ich immer ein dünnes Halsband um, damit meine Ellis sofort einschreiten konnten, wenn ich etwas machte, was ich nicht machen durfte. Das sind zum Beispiel die Sofas. Ja, die Sofas. Hört ihr mich seufzen? Was hatte ich es geliebt, auf diese zu springen. Dann habe ich mich immer in Mamas Decke eingekuschelt, so dass manchmal nur meine Nase zu sehen war. Jetzt, mit dem blöden Rücken, durfte ich nicht mehr auf die Sofas springen. Ein paarmal habe ich schon davorgestanden, als sie mal nicht zu mir geschaut hatten. Ich stand also vor dem

Teil. War es höher als früher? Es kam mir auf jeden Fall so vor. Ich reckte meinen Kopf ein wenig nach oben und dann sagte ich meinem Gehirn, so Vorderpfoten hoch und Hepp ... aber da war kein Nachvornekommen. In dem Moment wo der Befehl an meinem Gehirn angekommen war und die Vorderpfoten noch nicht wussten, dass es jetzt nach oben ging, war Papa da.

„Soukiiiii, NEIN, nicht!"

Grrrrr. Ich hatte es wenigstens versucht.

„Souki, du sollst doch nicht da hoch."

Zack, Papa hatte mich schon am Halsband festgehalten und führte mich vom Sofa weg.

„Papaaaaa, bitte, einmal aufs Sofa."

Mein Blick ging schräg nach oben, lieb gucken, Köpfchen leicht schief. Das komplette Repertoire eines bettelnden Hundes.

„Souki, Souki, was mache ich nur mit dir? Du darfst das nicht mehr, also das Springen. Das ist so wichtig. Ach Schatzi, wie du wieder guckst, du kleine Schmeichlerin."

Papa hatte mich dann mit Leine und Halsband vorsichtig aufs Sofa gehoben, auf die weiche Decke. Er hatte sich direkt daneben gesetzt und auf mich aufgepasst. Also, dass ich nicht wieder runterspringe.

Und wie ich so direkt neben Papa, auf der weichen Decke liege und mich langsam, tief seufzend auf die Seite lege, nimmt Papa eine Vorderpfote von mir, um sie sacht zu streicheln.

„Claudi, Schatz, komm mal eben."

Mama, die gerade den Tisch abräumte, kam sofort zu mir und Papa.

„Was ist, ist etwas mit Souki?"

„Nein, nichts Schlimmes, aber schau mal ihre Krallen, die sind verdammt lang, oder?"

Mama nahm vorsichtig meine Vorderpfote und machte so komische Laute dabei. Solche Laute, dass ich mich fragte, ob die Pfoten dreckig wären und wieder eine Dusche nötig wäre.

„Nimmst du Souki eben nach unten auf die Matte, ich hole eben die Tools."

Mama ging weg, um irgendwelche Tools zu holen? Hm, ich konnte mir nichts darunter vorstellen.

Papa nahm mich auf den Arm und brachte mich auf die Matte. Ihr fragt euch welche Matte? Die Physiomatte, die seit Wochen mitten im Wohnzimmer meiner Ellis lag. Darauf bekomme ich immer meine Anwendungen. Auch wenn Ramona kommt, dann liegen wir da und es wird massiert und geübt. Darauf legte mich Papa.

Mama kam wieder zu uns und hatte in ihren Händen so ein Zeugs, womit ich auch nichts anfangen konnte.

Sie breitete alles neben mir auf der Matte aus.

Ich schaute zu diesen Tools, wie Mama diese nannte. Da kam mir nichts, aber auch gar nichts bekannt von vor. Wie gut, dass ich Karlchen hatte. Der kam zu uns, legte sich direkt neben die Matte und schaute erst die Tools und dann mich an.

„Kleine, jetzt wirst du schön gemacht. Du kriegst jetzt das volle Wohlfühlprogramm."

„Wohlfühlprogramm? Karl, nun sprich nicht in Rätseln, sondern mal Klartext. Was haben sie mit mir vor?"

„Kleine, da liegen eine Feile, noch eine kleinere Feile und die große Krallenschere und die kleine Schere."

„Schere? Feile? Was macht man damit? Das ist was Schlimmes, ne? Komm nun sag doch schon. Spann mich nicht so auf die Folter."

„Keine Sorge Kleine, das ist nicht schlimm. Echt nicht. Du hast jetzt schon eine ganze Zeit deine Krallen nicht mehr richtig beansprucht. Du kennst das gar nicht, oder? Ich bekomme ab und an meine Daumenkrallen geschnitten, weil die ja auch nur so rumhängen und nicht abgewetzt werden."

In meinem Gehirn wurden so kleine Rezeptoren aktiviert. Die breiteten sich über meinen Nacken bis hin zu meinen Pfoten aus. Meine Ahnung und Karlchens Worte zeigten sofort ihre Wirkung. Langsam zog ich meine Vorderpfoten nach innen, unter meinen Körper, wie ein Rehkitz.

Karli lächelte leicht und schien sich über meine Anstellerei zu amüsieren.

„Nun mach dir nicht ins Hemd, Kleine."

Karl robbte ein wenig näher und stupste mich aufmunternd an.

Mama streichelte mich meinen Kopf und leicht über meinen Rücken.

„So, Souki, nun, du kennst das gar nicht, das Krallenschneiden, oder? Ist wirklich nicht schlimm, schau mal."

Sie nahm die Feile und führte sie zu meiner Schnauze, so dass ich an ihr riechen konnte.

„Siehst du, die beißt nicht."

Sie lächelte.

Mir war das Lächeln vergangen. Um mich herum saßen Mama und Papa, Karli direkt neben mir. Ich fühlte mich regelrecht eingekesselt. Ich mitten auf der Matte und neben mir diese ganzen Krallen-Tools. Echt, nicht witzig.

„So Souki, ich nehme jetzt mal deine eine Pfote und wir schauen mal."

Mama hatte in der einen Hand die kleine Schere, wie Karl sie nannte und versuchte mit der anderen Hand meine Socken-Pfote unter meinem Körper vorzuziehen. Da sie unter meinem Körper lag und ich all meine Kraft in diese eine Pfote legte, schaffte sie es nicht.

„Souki, was ist denn los? Nun komm, gib mir deine Pfote."

„Nein, Mama, ich habe Angst."

„Schatzi, du brauchst keine Angst zu haben."

Leicht ganz leicht, ließ ich locker.

Schwups hatte Mama schon meine Pfote vorgezogen.

„Ich schaue erst mal. Versprochen!"

Mama schaute sich interessiert meine Pfote an, irgendwie schien sie nur zu gucken und streichelte dabei einen Zeh nach dem anderen.

Ich schaute zu Karli rüber.

„Alles okay Karli, guck, ich bin ganz tapfer. Mama schaut ja nur."

Schnipp und *Zack*.

Ich hörte dieses Geräusch und bekam den Kopf gar nicht so schnell zu meiner Pfote. Da hatte Mama tatsächlich diese kleine Schere in der Hand, schaute ganz glücklich und zeigte in der anderen Hand ein beachtliches Stück meiner Kralle.

Mama legte es neben sich und nahm direkt meinen anderen Zeh, hielt ihn fest und *Schnipp*, war die nächste Kralle gekürzt.

Ich wusste gar nicht, was ich sagen sollte. Ich war baff und hey, ohne mich vorher zu fragen! Unverschämt!

Karli lag da und grinste von einem Backenzahn zum anderen.

„Karli, nicht grinsen. Boah, guck dir das an."

„Ich muss jetzt wirklich mal ein wenig lachen, Kleine, das ist nicht schlimm. Hast du was gemerkt? Jetzt mal ehrlich."

Ich schaute noch immer fassungslos abwechselnd zu meiner Pfote, die immer noch von Mama haltend bearbeitet wurde und zu Karli. Ich wurde, wenn man es mal mit Abstand betrachtet, gehörig abgelenkt und einfach vor vollendete Tatsachen gestellt. Ich wurde sozusagen überrumpelt. Wer wird schon gerne überrumpelt? Ich jedenfalls nicht.

Und wie ich so darüber nachdenke, wegen Überrumpelung und Fairness und überhaupt, da fühle ich Mamas Hand an meiner Pfote nicht mehr.

„So Schnucki, das war die erste Pfote. Und hast du was gemerkt?"

Ich schaute zu Mama, dann zu meiner Pfote und zuletzt an Papa vorbei, der im Übrigen auch lächelte, zu Karlchen.

„So Kleine, nun mal Butter-bei-de-Fische. Tat es sehr weh?"

„Boah, weh, hör auf, geht ja gar nicht, völlig überrumpelt."

„Jetzt stell dich nicht so an. Komm, sei ehrlich!"

„Hm, nee, wenn ich es mir richtig überlege habe ich nur Schnipp und Schnapp gehört. Und Mama hat die Pfote ein wenig fester gehalten als sonst."

Ich wurde gedanklich ein klein wenig sanfter. Wenn ich es mir wirklich mal ruhig durch den Kopf gehen ließ, dann, hm, ja dann, war es gar nicht so schlimm gewesen.

Mama streichelte meine Pfote.

„So, jetzt ist dein Söckchen wieder fein. Und schau mal Souki, die Krallen haben jetzt fast die richtige Länge, da kannst du bald wieder richtig mit Laufen. Die anderen Pfoten machen wir morgen. Für heute hast du dich echt tapfer gehalten."

Ich schaute meine Pfote an, ging mit meiner Schnauze dort hin und leckte einmal drüber. Fühlte sich gut an. Nun, es war wirklich nicht schlimm.

„Souki, wir können immer nur ein klein wenig von deinen Krallen abschneiden. In der Kralle ist ein Nerv, der nennt sich Leben. Wenn wir zu viel abschneiden, tut es weh. Ich schneide alle paar Tage nur ein bisschen ab, dann bildet sich dieses Leben langsam zurück. Dann hast du bald wieder schöne kurze Krallen.

Mama lächelte mich an und strich mir über den Kopf.

„Wir Menschen müssen das auch machen. Bei den Händen nennt man es Maniküre. Bei den Füßen Pediküre."

„Und wie nennt man das bei uns Hunden?"

Ich war neugierig, ob es für Hunde ein Wort dafür gab.

„Bei euch Hunden nennt man es Krallenschneiden."

Ich überlegte kurz.

„Mama, können wir es ab jetzt Manipediküre nennen."

Sie lachte über das ganze Gesicht. Papa streichelte den Karl und lachte auch.

„Souki, wir machen das so. Bei den Vorderpfoten ist es die Maniküre und bei den Hinterpfoten ist es die Pediküre. Das ist, glaube ich, passender. Und dann weißt du auch immer ganz genau, welche Pfote du mir geben kannst."

Während Mama und Papa sichtlich erheitert waren, leckte ich meine Söckchen-Pfote.

Langsam stand ich auf. Ich setzte vorsichtig meine maniküre Vorderpfote nach vorne, stand, rollte ab und ... hey, das fühlte sich gut an, das war ein klasse Gefühl.

Und ich freute mich insgeheim, dass ich so voll tapfer war und ganz still gehalten hatte bei meinem Krallen ... *Stopp* ... meiner Maniküre.

Und nicht verraten, dass ich mich ein klein wenig angestellt habe, ja?

Ein Hund mit Trauma braucht Liebe

Einige Wochen nach der schweren Operation ging es mir, trotz meines schlimmen Beines, relativ gut, das meinte ich jedenfalls.

Mama und Papa waren seit einiger Zeit sehr wachsam, was meine Art anbelangte. Ich weiß auch nicht, wie ich euch das erklären kann.

An dem Tag, wo ich wieder nach Hause kam, also nach der Klinik, war ich so froh, so unglaublich glücklich. Ich hatte meinen Karl und meine Ellis wieder und ich war Daheim. Das war alles ganz toll und ich freute mich. Aber da war auch etwas, dass ich nicht in Worte fassen konnte. Ich konnte da keinen Gedanken zu finden, so dass ich wusste, was es war. Klingt bestimmt doof, oder?

Es fing in der ersten Nacht zu Hause an. Als ich versuchte meine Augen zuzumachen und zu schlafen. Da hörte ich Geräusche, anderes Bellen, irgendetwas was ich geräuschtechnisch nicht zuordnen konnte.

Eine Nacht später fingen diese Gedanken und die Geräusche wieder an. Ich fühlte mich zuhause wohl, keine Frage. Aber da war etwas, was mich nicht zu Ruhe kommen ließ.

Papa war es ebenfalls aufgefallen. Er schaute immer öfter, egal was ich machte, zu mir.

Da war zum Beispiel der Postbote. Der kam fast jeden Tag an unsere Haustür und brachte eben die Post. Manchmal auch Pakete und Päckchen. Wenn der kam, wusste ich es, weil ich es roch und er kam ja immer um die gleiche Zeit. Das war dann so wie, sagen wir mal ein Ritual. Rituale sind gut für uns Hunde, denn es gibt irgendwie Sicherheit. Also VOR meiner Operation und der Klinik, da wusste ich immer, wenn es schellte, also um die gleiche Zeit und mit dem Geruch, ja, das ist der Postbote. Da habe ich einmal kurz gebellt, damit Mama, egal wo sie war, sofort wusste, da ist jemand an der Tür. Ihr erinnert euch, meine Tür und ich, der Wachhund.

Jetzt, nach der Klinik, hörte ich etwas. Ich konnte es nicht zuordnen, vielleicht war es der Postbote, vielleicht auch nicht. Und ich roch etwas, aber was? Und dann bellte ich wie verrückt.

Egal was Mama und Papa dann machten, um mich ruhig zu bekommen, nichts funktionierte. Ich bellte ohne Unterlass. Selbst wenn die Tür dann losging und ich den Postboten sah, bellte ich weiter, beruhigte mich dann aber leichter. Also denkt bitte nicht, das ich verrückt bin. Echt, das bin ich nicht. Es ist nur irgendwie anders als vorher. Mama hatte das neulich mit mir besprochen.

„Souki, Mensch Souki, was können wir nur tun, damit es dir besser geht. Das Beinchen haben wir im Griff. Das bekommt die Physio und gut ist. Aber du bist irgendwie anders. Du bist sofort auf einhundertachtzig. Das Schlimme ist, ich kann dich gar nicht beruhigen in solchen Situationen.

„Mama, ich weiß auch nicht, was das ist. In meiner Brust macht es dann immer fester „*Bumdibum dibum*" und ich kann nichts dagegen machen. Dann kommen so komische Gedanken."

„Ach Soukini, was soll ich denn machen. Ich weiß auch nicht mehr weiter. Weißt du, was ich glaube?"

„Nee was denn, ich weiß es nämlich nicht."

„Ich glaube ganz ehrlich, dass du ein Trauma hast, von der Klinik und dem Aufenthalt, auch von der Operation. Weil wir nicht bei dir sein durften. Du warst in einer fremden Umgebung, mit fremden Menschen. Da kann man sowas leicht bekommen."

„Trauma, Mama, ich weiß nicht, was das ist. Ich weiß nur, dass ich dann wie ferngesteuert bin, gar nicht Herrin meiner Lage."

„Souki, das hast du schön gesagt. Herrin deiner Lage. Herrlich. Aber weißt du, so ein Trauma kann man loswerden. Im Moment sitzt dieses Trauma wie ein großer, schwarzer, anderer Hund auf deinem Nacken. In manchen Situationen beherrscht er dich und lenkt deine Handlungen. Aber du weißt jetzt, was vielleicht mit dir los ist. Gemeinsam können wir das in den Griff bekommen. Das wird nicht von heute auf morgen passieren. Aber wir werden es in Angriff nehmen, ja?"

Ich kuschelte mich sofort in Mamas Arme. Sie streichelte mich und mein Klopfen in der Brust wurde wieder gleichmäßig und leise.

Mama nahm zärtlich meinen Kopf zwischen ihre Hände. Sie kam mir ganz nahe, so wie damals, als sie mich in die Klinik gebracht hatte. Sie kam ganz nahe und gab mir einen Kuss auf meine Stirn.

„Weißt du noch Souki, als ich mich von dir verabschieden musste, damals in der Klinik, wo du solche Schmerzen hattest? Ich habe dir gesagt, dass wir das schaffen und das du eine Kämpferin bist."

„Ja, ich erinnere mich."

„Siehst du, jetzt werden wir beide wieder kämpfen, gegen diesen schwarzen Hund auf deinem Nacken. Wir schaffen das, gemeinsam."

Und dann gab sie mir noch einen Kuss, einen ganz langen. Ich roch sie ganz intensiv und hielt inne, um den Moment für immer in meinem Hirn zu speichern.

Wenn Mama sagte, dass wir das schaffen, dann bin ich voller Zuversicht und glaubte ihr. In solchen Momenten, so nahe und so intensiv, da steht die Zeit still. Da existiert nichts. Da ist so viel Frieden und Ruhe in der Luft.

Mama genoss diesen Moment auch.

Sie entfernte sich langsam. Ich schaute in ihre Augen und für einen kleinen Moment konnte ich mich wieder in ihren Augen sehen.

„So, meine kleine Soukini, jetzt geh zu Karlchen und spiele, jetzt ist keine Zeit mehr für Trübsinn."

Ich schaute sie keck an, wie recht sie hatte. So schnell ich konnte mit meinem schlimmen Beinchen, drehte ich mich um und suchte nach Karl.

Ich blickte mich noch einmal zu Mama um.

Sie lächelte.

Und da wusste ich, dass wir das schaffen würden … mit dem schwarzen Hund auf meiner Schulter.

Der Postbote kommt nur für mich

Und wieder verstrich ein wenig von der Zeit, die allgegenwärtig um uns ist, aber nicht viel.

Meine Übungen, die sich Physio nennen, machte ich ganz lieb und sehr engagiert mit meiner Mama mit. Die Ramona kam noch immer zu mir, aber wir haben die Abstände jetzt etwas größer gemacht. Also diese Zeitabstände. Mama war begeistert, dass ich bei den Übungen immer so schön mitmachte. Es gab jetzt auch andere Übungen, wo ich gar nicht so viel machen musste. Trotzdem war ich danach völlig kaputt und müde.

Ich stand einfach nur da, also auf vier Pfoten und dann schaute Mama sehr genau, ob ich wirklich ganz gerade stand. Also jede kleine Nuance von Unstimmigkeit in meiner Haltung, gab sofort eine Korrektur. Da Mama dann das Zauberwort BLEIB sagte, BLIEB ich auch ganz brav stehen. Ohne mich nur das kleinste bisschen zu bewegen. Da wurde dann ein Bein leicht nach hinten korrigiert, dann der Kopf, dann war der Rücken nicht gerade. Schon sehr anstrengend. Dann, wenn ich bewegungslos in einer 1A Position stand, hielt Mama ihre Hände flach an meinen Po, so eine Hand links und die andere rechts seitlich.

Ihr fragt euch, ob ich rechts und links unterscheiden kann? Ja manchmal konnte ich das.

Mama sagte das ja immer und berührte mich. Ich versuchte mir das zu merken, mehr eigentlich nicht.

Dann gab sie auf einer Seite ganz leicht einen Druck. Dann auf der anderen Seite. Am Anfang dieser Übungen habe ich mich immer sofort, wenn das schlimme Bein den Druck bekam, hingesetzt. Das ging auch nicht anders. Wisst ihr, der Druck kam und *Plumps,* saß ich schon. Nach einer Weile klappte das aber immer besser. Mama sagte, dass das meinen Muskel wieder stark machen würde. Bei meinem anderen Beinchen, was schon durch das Pusten von Mamas Atem kribbelte, klappte das viel besser. Dann kam noch ein Druck von vorne an den Schultern mit Zug nach hinten. Wenn Ramona das machte, war sie ganz begeistert, wie schön ich das schon machte. Das machte mich gehörig stolz, ich möchte dann ganz groß werden, so mindestens einen Meter nach oben und nach vorne ... aber dann habe ich schon wieder die falsche Haltung und werde korrigiert, weil es eben wichtig war, bei diesen Übungen gerade zu stehen.

Meine Spaziergänge wurden ein klitzeklein wenig länger. Raus aus dem Haus, über die Wiese vor dem Haus, bei Oma rechts abbiegen und hinter der Hecke wieder über den gepflasterten Weg zurück. Viele verschiedene Untergründe, das hatten die Ärzte meinen Ellis gesagt. Und sie hielten sich daran. Manchmal gingen wir auch hinten raus. Ihr wisst, da wo meine Hecke mit Tor ist. Da ist ein Weg mit kleinen losen Steinchen. Da musste ich dann drüber gehen. Mama ging dann ganz langsam mit mir, damit ich nicht die Balance verlor. Aber das klappte auch schon gut. Und längere Spaziergänge waren dann eben noch mal ein paar Schritte mehr. Bis zum nächsten Haus, dann noch ein Haus. Mama und Papa gucken dann immer, ob meine Hinterbeine wieder anfingen zu zittern. Dann konnte ich nämlich nicht mehr. Manchmal trug der Papa mich auch auf seinen Armen wieder zurück nach Hause. Jetzt musste aber über das Zittern hinaus, ein wenig weiter gegangen werden. Damit der Muskel es lernte und ich irgendwann ohne Zittern laufen konnte. Aber wie gesagt, meine Ellis passten auf. Ich musste da nichts machen, außer meine Spaziergänge genießen.

Nach so einem Spaziergang mit vielen unterschiedlichen Untergründen, kamen wir von Oma links wieder auf den Rasen. Vor unserem Haus stand das Auto vom Postboten! Er winkte uns schon fröhlich zu.

„Ein Paket für Sie, ich dachte schon sie wären nicht zu Hause."

Papa lief ihm entgegen und nahm das Paket.

Da meine Beinchen wieder so zitterten, entschied ich mich nicht zu bellen und eher ruhig abzuwarten, bis Papa wieder bei Mama und mir war.

„Schau mal Souki, das Paket ist von Corinna. Sie hat mir geschrieben, dass sie dir eine Aua-Paket schicken wollte."

Ich reckte meinen Kopf in Papas Richtung.

Er bückte sich und ließ mich an dem Paket schnuppern. Oh, was kamen da aus dem Päckchen für tolle Gerüche. Das war definitiv ein SUPER-Trooper-Paket.

Als wir wieder im Haus waren, schnupperte auch Karlchen daran. Ich war sehr aufgeregt.

„Karli, ich habe ein Paket bekommen. Ein Paket nur für mich. Ein Aua-Paket, weil ich so krank bin. Karli, ich habe noch nie ein Paket bekommen."

„Souki, was kommt uns denn da entgegen, Wahnsinn, das riecht nach vielen Leckereien. Wer hat es dir geschickt?"

„Das ist von Corinna vom Bodensee. Die Mama hat vor einiger Zeit für ihre kleine Katze Wilson, die gestorben war, ein Nachrufbild gemacht für die Gruppe. Und meine Geschichte hat sie so berührt, dass sie mir ein Aua-Paket geschickt hat. Ich freue mich so."

Papa hatte inzwischen ein Ding geholt, um das Paket zu öffnen. Er fummelte an meinem Paket herum. War auch schwierig für ihn, da Karlchens Kopf am liebsten durch den Deckel ins Innere gelangt wäre und irgendwie mit seiner Schnauze überall dort war, wo Papa mit dem spitzen Ding den Karton öffnen wollte.

Als endlich der Kartondeckel aufsprang, war Karlis Kopf schon drin. Seine Schnauze ging hin und her. Ich schnupperte auch. Karli hatte recht, ganz viele Päckchen mit vielen Leckereien waren dort drin. Ich sah auch einen rosa Ball, einen blauen Gummiknochen und viele andere Hundesachen. Für Mama und Papa waren auch Leckerchen drin. Schokoladenherzen. Was haben wir uns gefreut.

Und weil ich, ihr erinnert euch, zu Beginn meiner Erzählungen etwas versprochen hatte, hier und jetzt **DANKE** Corinna. Das hatte ich nicht erwartet und es hat unsere Herzen erfreut.

Papa hatte uns sofort ein Leckerchen, na' vielleicht auch zwei, gegeben. Das war so wunderbar. Mit dem blauen Gummiknochen haben wir dann sofort gespielt, der Karli und ich. Und die ganze Zeit habe ich an Corinna gedacht. Bussi und Pfotenklatscher von mir, wenn du diese Zeilen liest.

Etwas später, schellte der Postbote noch einmal für mich. Es war aufregend und kaum auszuhalten, als Mama diesmal das Paket öffnete.

Vor mir lag ein Teppich, mit ganz vielen kuscheligen Fransen. Mama tat sofort Leckereien da rein und ich durfte schnüffeln. Mama sagte, dass das ein Schnüffelteppich ist, für mich, weil ich doch nicht so richtig spazieren gehen kann. Damit mir nicht langweilig wird und mein Kopf ganz dolle angestrengt wird. Es hat funktioniert! Jeden Tag durfte ich, natürlich auch das Karlchen, schnüffeln, bis der Kopf ganz müde war. **DANKE** Brigitte und Berthold, für dieses tolle Geschenk.

Tja, und so habe ich, tatsächlich ICH, Pakete bekommen und der Postbote war ganz allein nur für mich gekommen. Wahnsinn oder?

Als ich am Ende dieses Tages, als es allmählich dunkel draußen wurde, auf dem Bett meiner Ellis lag, dachte ich über die Pakete und die Geschenke nach. Vor mir lag der blaue Gummiknochen und der Schnüffelteppich.

Ich hatte, obwohl ich so krank war, nicht richtig laufen konnte und mein Herz deswegen schwer war, ganz viel Freude erfahren dürfen. Durch diese ‚Gesundwerdgeschenke'.

Ob Mama uns wohl morgen wieder Leckerchen im Schnüffelteppich gibt? Bestimmt! Und beim Gedanken daran, schlief ich glückselig ein.

‚Hope'

Es gibt da noch etwas, was mich und meine Mama sehr berührt hatte.

Mama sagte, als sie mir diese Geschichte erzählte, dass diese sofort mit einem *BÄMM* mitten in ihr Herz gegangen war.

Es geht um zwei Menschen, eine kleine französische Bulldogge, um Mut, Hoffnung und ganz viel Liebe.

Diese Menschen sind an einem Tag mitten im Juli, wo es furchtbar heiß war, ich weiß das, weil ich diesen Tag nur im Schatten und im Haus verbracht habe, ihrem ganz normalen Tagewerk nachgegangen sind.

Dann sieht die Frau, als sie kurz auf ihren Hörer schaute, dass auf so einer Verkaufsseite eine kleine französische Bulldogge, gerade mal zehn Wochen alt, abgegeben werden sollte. Momentan, stand da, würde sie auf dem Balkon leben. Stellt euch das mal vor.

Allein bei dieser Aussage ist die Mama angefangen zu weinen, ich konnte sie auch mit ganz vielen von unseren Nasenküsschen nicht fröhlicher machen.

Also zurück zur Geschichte. Also die Frau, Jana (*Name verändert durch meine Mama*), schaut auf diese Seite und bei ihr machte es *BÄMM*. Erstmal, weil sie sich fürchterlich geärgert hatte, dass jemand bei diesen Temperaturen, so einen kleinen Welpen auf den Balkon aussperrte. Zudem waren es wirklich und nicht übertrieben, subtropische Temperaturen und das ging ja mal gar nicht. Außerdem und das war wohl ausschlaggebend, hatten sich die kleinen Augen dieses Welpen, mitten bei Jana ins Herz gebohrt. Sie rief dann sofort ihren Mann an. Und, weil das mit dem Auto nur fünfzehn Minuten von denen entfernt war, ist der Mann sofort dort hingefahren.

Da waren ganz viele Menschen und die kleine französische Bulldogge. Der Welpe wäre seit 2 Wochen bei ihnen. Die Mutter der Kinder wäre krank geworden. Das ging dann nicht mehr mit dem Hund, der nur für die Kinder zum Spielen angeschafft worden wäre. Da wohl dann alles drunter und drüber ging und Janas Mann dieses kleine, schutzbedürftige Wesen einfach nur noch da rausholen wollte, hatte er den geforderten Preis von diesem kleinen Wesen bezahlt, sie einfach auf den Arm genommen und ist dann schnell weg mit ihr.

Jana und ihr Mann sind dann sofort zu ihrem Tierarzt gefahren. Der hat die Kleine untersucht und festgestellt, dass sie gerade mal acht Wochen alt ist.

Derjenige, der jetzt anfängt zu rechnen, stellt fest, dass da ein sechs Wochen alter, kleiner Welpe, viel zu früh von seiner Mutter getrennt worden war. Der Chip ist gesetzt und stimmt mit dem Impfausweis wohl überein, aber irgendwie werden Jana und ihr Mann den Eindruck nicht los, dass das mit dem Ausweis irgendwie nicht so richtig in Ordnung war.

Ansonsten ist die kleine Maus wohl, außer einer Menge Würmer, gesund.

Da Jana und ihr Mann schon zwei Franzosen haben, war es ihnen dann egal. So nach dem Motto, wo zwei satt werden, werden auch drei satt. Sie entschieden, die Kleine zu behalten. Erst gerettet und dann ein Für-Immer-Zuhause gefunden.

Diese kleine Maus kommt aus Bulgarien, angeschafft für die Kinder zum Spielen, voll mit Würmern, die wohl nie behandelt worden wären.

Dieser kleine Welpe wurde bei ganz hohen Temperaturen auf dem Balkon gehalten.

Ein kleines Hundebaby, sechs Wochen alt bei der Anschaffung … und dann dort auf dem Balkon seinem Schicksal überlassen.

Tja, bis Jana davon hörte. Und jetzt ist diese kleine Maus bei ihr und ihrem Mann und den zwei großen Franzosen und darf sich da ausruhen.

Ihr kleiner, viel zu dünner Körper hat jetzt genug Nahrung und eine normale Temperatur, weil

Welpen gehören nicht in die pralle Sonne den ganzen Tag. Und sie kann am Familienleben dieser Familie teilhaben. Sie ist integriert mit ganz viel Liebe und wird hoffentlich ein langes und wunderschönes Leben haben. Und das Ganze, weil Jana und ihr Mann einfach gehandelt haben, ohne Nachzudenken, einfach so … aus Liebe.

Ach ja, ich verrate euch den Namen, dieser kleinen bezaubernden Maus noch, der, wie ich finde, so wahnsinnig gut zu ihr passt… Hope. Denn die Hoffnung sollte man nie aufgeben.

Kleine Hope, so von Französin zu Französin, ich wünsche dir nur das Allerbeste in deinem Leben. Und nie aufgeben, hörst du. Du hast jetzt den Sechser im Lotto gewonnen, bei Jana und ihrem Mann.

Es geschehen seltsame Dinge

Nachdem ich mein Paket bekommen hatte, verging die Zeit mit ganz vielen Leckerchen.

Mama teilte sie sorgfältig ein, dass wir keine Bauchschmerzen bekamen. Wäre es nach Karlchen und mir gegangen, wir hätten alles auf einmal aufgefressen. Das hätte Bauchweh gegeben!

Es war wieder ein wunderschöner warmer Tag. Karlchen und ich waren im Garten. Mama zupfte ganz viele Grashalme aus dem Beet, wo die ganzen Blumen drin waren. Sie nannte das Gras Unkraut. Es gefiel ihr wohl nicht sonderlich, weil sie wirklich alles rausriss.

Karlchen stand hinten am Flieder, dort wo ich durchgeflutscht war, bei meinem kleinen Ausflug. Er stand da so, reckte den Kopf nach vorne und schien etwas zu suchen.

„Karli", rief ich laut „was machst du da?"

Er hörte mich nicht.

„KARLI", ich schrie es fast.

Da drehte er sich um.

„Souki, komm schnell. Los beeil dich."

Er wusste doch, dass ich nicht so schnell konnte. Mama schaute zu mir rüber.

„Souki, langsam, hörst du. Nicht rennen."

Da war wieder der rhetorische Zeigefinger, *GRRRRrrr*.

Ich eilte zu Karli. Nun eilen ist leicht gestrunzt. Ich hoppelte langsam, obwohl mein Gehirn immerzu schrie, nun lauf doch endlich. Aber es ging nicht. Mein Beinchen wollte einfach nicht so wie ich.

Als ich endlich bei ihm angekommen war, bemerkte ich sofort, dass er ganz aufgeregt schien.

„Souki, stell dich mal hier hin, hier, wo ich stehe, ja genau."

An genau dieser Stelle stand ich nun.

„Ja und Karli, was ist denn hier? Ich sehe nichts."

„Du sollst nicht sehen, sondern riechen. Also riech mal."

Damit mein Geruchssinn verstärkt wurde, schloss ich die Augen, hob meinen Kopf und zog die Luft langsam ein.

WAS war das?

Ich roch es. Übel, ganz übel.

„Ja, Karli, ich rieche es. Boah, übel, was ist das für ein Gestank?"

„Ich weiß es nicht, ehrlich. Es riecht nach ... Tod."

„Nach Tod. Ich weiß nicht wie Tod riecht. Riecht er so?"

„Glaube mir, ich war doch dabei, wie meine Freundin Mandy starb, Souki, das ist der Geruch von Tod."

Ich glaubte ihm. Die Geschichte kannte ich, sie war wahr, ich hatte keinen Grund, Karlchens Vermutung anzuzweifeln.

„Das riecht nah, ganz nah. Warte hier Souki, ich schaue mal vorsichtig nach. Du passt auf, dass Mama nichts mitkriegt."

Langsam, sich noch einmal kurz nach Mama umschauend, bewegte er seinen Kopf in Richtung Hecke. Dann verschwand sein Kopf in der Hecke. Das sah witzig aus.

„Karli, das sieht jetzt aus, als wenn du keinen Kopf hättest."

Ich fing leise an zu kichern.

Aus der Hecke hörte ich Grummeln.

„Hast du was gesagt. Ich höre dich nicht."

Grummeln.

Dann kam Karli wieder mit dem Kopf aus der Hecke heraus.

„Das glaubst du nicht, echt nicht. Krass."

„Was glaube ich nicht. Was ist denn. Spann mich nicht so auf die Folter."

„Vor unserer Hecke, fast schon drunter, ich kann es nicht glauben, echt nicht."

„Karli, was ist denn da. Nun sag schon."

„Souki, zwei tote Vögel. Die kleinen Babys von unserer Amsel. Die Kleinen, die Mama immer gefüttert hat. Die so lustig vorne am Vogelhaus rumgehüpft sind. Die zwei liegen da, tod, steif und übelriechend.

„NEIN."

Ich war fassungslos, traurig und fand nicht sofort die Worte.

„Karli, nein, du hast dich vertan. Das kann nicht sein. Lass mich auch mal gucken."

„Nein, Kleine, du guckst nicht. Das ist definitiv kein schöner Anblick."

„Was. Karli, du führst dich auf. Warum darf ich nicht schauen? Nur weil ich ein Mädchen bin? Oder was? Oder wie? Also zur Seite, jetzt komm ich."

Karlchen schaute mich verdutzt an, ging leicht zur Seite, um mir Platz zu machen.

Ich ging ein paar Schritte nach vorne, drehte mich vorsichtig zu Mama um, alles gut, sie zupfte noch, und schob ganz sacht meinen Kopf durch die Lücke der Hecke. Ich schloss diesmal nicht meine Augen, sondern machte sie nur ein wenig zu, damit ich mich an den Zweigen nicht verletzte. Ich verließ mich auf meine Nase. Ich zog meine Luft ein, puh … und noch einmal und … puh … der Geruch wurde schlimmer. Und da … sah ich es. Die zwei kleinen Amselbabys. Sofort war ich traurig. Sie lagen da, so komisch, das Köpfchen … ich hatte genug gesehen. Und der Gestank war nicht auszuhalten. Ich zog meinen Kopf langsam, vorsichtig ziehend nach hinten zurück.

„Und? Hast du sie gesehen?"

Karlchen schaute mich an, legte seinen Kopf schief."

Ich schluckte, den Geruch in meiner Nase verarbeitend.

„Karlchen, Karlchen, wie schlimm, die arme Amselmama. Das war doch ihr ganzes Glück. Das Zirpen, was wir in den letzten Tagen morgens immer gehört haben, dass war sie. Sie hat ihre Babys gesucht!"

„Ja, Kleine, schlimm, du wirst recht haben. Mir ist es auch aufgefallen, dass sie fast schreiend ihre Babys gesucht hat."

„Ist dir aufgefallen, wie komisch sie da liegen, so verdreht, das kleine Köpfchen, und weißt du was ich auch gerochen habe?"

„Ja, das habe ich gesehen. Was hast du gerochen Kleine?"

„Sie hatten Angst, als sie starben!"

Ich machte eine kleine Pause, bevor ich weitersprach.

„Ich rieche immer noch die Angst, der ist wie ein Schleier vorhanden. Karl, ich weiß nicht was da passiert ist, aber … die kleinen Piepmätze sind nicht eines natürlichen Todes gestorben, das weiß ich hundertprozentig."

Karl schaute mich nicht erstaunt an. Nein, im Gegenteil, eher wissend.

„Gut, dass du es sagst. Ich habe das auch gerochen. Was machen wir denn jetzt."

Und als wenn der liebe Gott ein Zeichen schickte, flog in diesem Moment die Amselmutter über uns hinweg. Sie landete auf unserem Rasen, nur ein paar Schritte von uns entfernt. Sie schaute zu uns rüber.

Karlchen schaute mich an. Ich schaute ihn an. In unseren Blicken lag diesmal Erstaunen und irgendwie etwas anderes, fast etwas Magisches. War das Zufall. Wir hatten sie schon ein paar Tage nicht mehr gesehen, seit wir ihr Zirpen gehört hatten. Es war auf jeden Fall ein kosmischer Moment.

Meine Nackenhaare stellten sich auf und zogen sich über meinen ganzen Kamm nach unten bis zum Schwanz.

„Karlchen."

Flüsternd, ohne mich zu bewegen, sprach ich ihn an.

„Was machen wir jetzt. Sollen wir es ihr sagen? Sie sucht immer noch."

„Ja, auf jeden Fall. Alles andere wäre für mich nicht in Ordnung."

„Du oder ich."

„Kleine, ich mach das schon."

Karlchen hob ganz leicht den Kopf.

„Hey du, Amsel. Kannst du mich hören?"

Die Amsel stand bewegungslos da. Sie blickte uns definitiv an. Bei Karlchens Worten, hob auch sie leicht den Kopf und legte ihn minimal schief. Wie zur Verdeutlichung, dass sie gehört und verstanden hatte.

„Ja, ich höre dich."

Sie flötete so wunderschön. Ihr Stimmchen, dass ich bislang nur wie ein Lied vernommen hatte, war genauso melodisch.

„Du, wir kennen dich. Du singst immer so schön. Unsere Mama füttert euch alle. Auch dich."

„Ich weiß. Eure Mama ist da vorne. Ich weiß, dass sie mir nichts tut. Dank ihrem Futter habe ich den Winter geschafft, der so hart und kalt war. Und ich habe zwei wunderschöne Kinder großgezogen. Zwei. Sonst hatte ich immer nur ein Baby. Ich bin ihr sehr dankbar.

„Hm, das ist wirklich schön."

Karlchen stotterte ein wenig. Da ich ihn kannte, wusste ich, dass er es nicht fertigbrachte, nach diesen Worten noch das zu sagen, was er eigentlich wollte. Deshalb entschied ich mich, zu übernehmen.

„Du, Amsel."

„Hallo du."

Wie wunderschön ihre Stimme war.

„Schön dich kennenzulernen. Aber ich, äh, wir müssen dir etwas sagen. Es hat mit deinen Babys zu tun. Ich hoffe, dass du stark bist, denn das was wir dir jetzt sagen müssen, ist nicht einfach. Es wird dich sehr traurig machen."

„Mich traurig machen? Meine Babys? Ich suche sie schon so lange. Wisst ihr irgend etwas über sie. Ich mache mir so Sorgen. Sie konnten gerade so eben fliegen. Mehr hüpfen. Ich wollte es ihnen gerade beibringen, das Fliegen. Was ist? Habt ihr sie gesehen? Nun sagt doch!"

„Amsel, kannst du zu uns kommen. Wir tun dir nichts, versprochen. Aber damit du es selbst sehen kannst, musst du hierhin kommen."

Karlchen und ich gingen ein Stück seitlich nach hinten, so als wenn wir eine Gasse bildeten.

Die Amsel hüpfte zu uns. Blieb kurz vor uns stehen.

„Und ihr tut mir wirklich nichts?"

„Nein."

Fast synchron kam es aus uns beiden raus.

„Und wo soll ich gucken?"

„Da vorne, ist eine Lücke, da hüpfst du durch. Und bitte sei stark, ja."

Ich konnte es nicht vorsichtiger sagen.

Die Amsel hüpfte vorsichtig durch die Lücke vor, dort wo gerade noch mein Kopf drin war.

Karlchen schaute mich wieder an.

„Sie tut mir so leid."

Ich nickte nur.

Endlose Sekunden, wo nichts passierte.

Dann hörte ich ein Knacken und unmittelbar ein Zirpen.

Und dann hörten wir, wie die Amsel anfing zu singen, so traurig und herzzerreißend, dass man sofort in eine unendliche Traurigkeit verfiel. Sie hatte ihre Babys gefunden.

Karlchen und ich standen regungslos da. Wir waren nicht im Stande uns zu bewegen oder nur ein einziges Wort zu verlieren.

Unendlich lange Zeit geschah nichts, nur dieses Singen der Amsel.

Dann hörte es abrupt auf und die Amsel kam aus der Heckenlücke wieder heraus. Sie hüpfte langsam, fast gehend kam sie auf uns zu.

„Es tut mir so leid, kleine Amsel."

Ich brach das Schweigen.

„Ich danke euch, dass ihr mir das gesagt habt. Was ist nur passiert, was ist mit meinen Babys passiert?"

„Wir wissen es auch nicht. Wir haben sie gerade gefunden. Es ist sehr, sehr seltsam."

Karlchen hatte seine Stimme wieder.

„Ich glaube nicht, dass sie von allein gestorben sind. Da geht etwas nicht mit rechten Dingen zu. Meine ganzen Sinne sagen irgendwie, dass da jemand oder irgendetwas seine Hände im Spiel hatte."

Ich schaute Karl an. Er redete so komisch. Wie in den Filmen, die Mama und Papa immer schauen.

Karlchen schien, als wäre er in seinem Element.

„Weißt du Amsel, wir, Souki und ich werden uns dieser Angelegenheit annehmen. Wir zwei klären diesen Fall!"

Ich schaute immer noch erstaunt zu ihm. Wir beide? Klären? Was machte er denn da? War er noch bei Sinnen? Er schaute definitiv zu viel Fernsehen mit den Ellis.

„Och, ich bin so traurig", die Amsel ließ ihren Kopf hängen „aber ich denke auch, dass das irgendwie alles sehr komisch ist, sie waren nie krank, ich möchte so gerne wissen wie sie gestorben sind, was passiert ist. Macht ihr das, klärt ihr das auf?"

„Ja, WIR machen das. Souki und ich werden alles tun. Wir werden unserem Frauchen das gleich zeigen. Sie wird sich um die zwei Kleinen kümmern. Unsere Mama wird sie begraben und ihnen ein würdevolles Grab machen. Da kannst du sicher sein.

„Ihr seid so lieb, wer seid ihr eigentlich?"

Karlchen schaute mich an.

„Weißt du, ich bin Karli und dass hier, ist Souki. Wir sind Französische Bulldoggen und wir werden das klären."

Ich blickte zu Karl und war hundertprozentig sicher, dass bei ihm jetzt alle Sicherungen durchgebrannt waren. Ich hätte gerne seine Runzelstirn gefühlt, ob das Fieber schon so hoch war. Aber die Situation ließ es nicht zu.

„Vielen Dank. Ich melde mich bei euch. Ich muss mich jetzt verabschieden. Es tut zu weh. Wir sehen uns."

Die Amsel flog weg.

Zurück blieb ich, völlig verdattert und kopfschüttelnd, was Karlchen da ritt.

Karlchen dagegen schien total glücklich.

„Kleine, ist das nicht cool. Boah, nun gut, das mit den beiden Amseln, das klären wir gleich mit Mama. Aber die Idee, meine Idee, die Sache zu klären, ist doch genial, oder?"

„Karlchen, du spinnst!"

„Nein, das wird ein Spaß. Vertrau mir Kleine."

Mama begrub die Amselbabys. Wir hörten noch ein Singen. Traurig und lang. Von hoch oben kam es, aus dem großen Baum vom Nachbargrundstück. Ich schaute nach oben, aber in den ganzen Zweigen und Blättern sah ich sie nicht. Ich wusste nur, sie sieht uns.

Abends, als alles zur Ruhe kam, Mama und Papa schon schliefen, haben Karlchen und ich uns noch über unsere neue Aufgabe unterhalten. Ich, immer noch sehr skeptisch und Karlchen, der war gedanklich einfach nicht mehr aufzuhalten.

Wir werden sehen, was daraus wird.

Ich war hingegen so müde geworden, dass ich in einen tiefen Schlaf fiel, während Karl noch munter weiter plapperte.

Zwei Französische Bulldoggen treffen eine Entscheidung

Am nächsten Morgen, ich hatte kaum die Augen offen, stand Karlchen schon vor meinem Kennel und schien fast darauf zu warten, dass ich wach würde.

„Morgen Kleine."

Fröhlich, sehr wach und sehr penetrant, der Karl.

„Karli? Karli, nee, lass mich bitte erst einmal wach werden."

„Kleine, wir müssen reden!"

„Ja, aber erst mal wach werden, dann strecken, dann Pippi machen, dann fressen und dann ... können wir reden, ja?

„Kleine, das ist doch Quatsch, du bist doch wach!"

Ich drehte mich in meinem Kennel auf meiner orthopädischen Matratze um. Das hieß eigentlich NEIN.

„Kleine?"

„NEIN, Karli!"

„Okay, okay, ist ja schon gut. Ich verstehe. Aber wir müssen dann gleich reden, ja? Kleine?"

So, und nun ist Schluss, ich stellte mich schlafend.

„Kleine? Souki? Komm, nicht schlafend stellen."

Ich gab keinen Mucks mehr von mir.

Ich hörte nichts, kein tapsen von ihm. Das hieß, dass er noch immer neben meinem Kennel stand.

Und mich anschaute. Ich bin von Natur aus neugierig und wenn ich dann so wissen will, was los ist, kann ich mich auch nicht mehr schlafend stellen.

Ich wartete noch einen Augenblick. Dann hörte ich ihn tapsen. Aha, er hatte aufgegeben. Ich wartete einen weiteren Augenblick. Als ich dann nichts mehr hörte, drehte ich meinen Kopf.

„Kleine? Bist du jetzt wach?"

Nee, da hatte er sich von der vorderen Seite des Kennels zur rechten Seite bewegt. So ein Täuschungsmanöver. Er stand nun rechts am Kennel und schaute mich mit einem kecken Blick an.

„Ich wusste ja, dass du nicht schläfst. Komm, jetzt mach nicht einen auf müden Hund und beweg dich. Es ist eh' Zeit zum Aufstehen."

„Du alte Laberbacke. Das darf doch nicht wahr sein. Ich wollte mich nur noch einmal umdrehen und ein wenig wegschnuckeln. Der Tag ist noch lang genug. Und mir tut heute mein Rücken weh."

„Ach Souki, Kleine, komm, der Tag heute bringt viele neue und interessante Dinge, das verspreche ich dir. Nun, runter von deiner orthopädischen Matratze, meine kleine Prinzessin."

Ich erhob mich träge, streckte mich und legte mich zur Verdeutlichung, dass ich echt viel Zeit brauchte, noch einmal lang auf den Boden und drehte mich, soweit mein Rücken das zuließ.

Karlchen stand da, schaute mich an und schüttelte den Kopf.

„Typisch Mädchen."

Ich ignorierte seine Worte und ließ mir noch mehr Zeit. Ich putzte mein rechtes Vorderbeinchen ausgiebig. Dann das linke Bein ...

„Jetzt reicht's aber Kleine. Schon gut. Sag Bescheid, wenn du startklar bist."

Mehr wollte ich ja gar nicht. Einfach mal checken Karli, dachte ich bei mir, dass nicht du den Ton hier angibst. Obwohl er sah zuckersüß aus, wie er dastand und irgendwie nicht wusste, wie er mich überreden konnte, dieses hochwichtige Gespräch mit ihm zu führen.

Und dann gab es noch ein wirklich leckeres Frühstück. Mama klimperte schon mit den Tellern. Da Mama die obere Etage mit einem Gitter versperrt hatte, wegen meinen neuen Regeln und Treppensteigen, holte sie mich von oben ab und trug mich runter.

Nach dem First-Class-Frühstück war dann endlich Karlchens Stunde gekommen. Jetzt war ich wach, gesättigt und hatte zwei offene Ohren für ihn.

„So, Karlchen, jetzt höre ich dir zu. Meine Ohren gehören dir."

„Endlich, weißt du, wenn ich dich nicht so lieb hätte, dann ... ja dann, wäre ich jetzt echt ein wenig beleidigt."

„Nun rede nicht rum, Karlchen, ich habe dich auch lieb."

„Also, gestern, das mit der Amsel, das meinte ich wirklich so."

„Wie, du meintest das wirklich so. Was meinst du? Mama hat die Babys begraben, wir haben ein paar traurige Sätze gesagt. Alles ist gut."

„Nein, ich meinte, dass sie nicht einfach so gestorben sind und dass wir diese Angelegenheit klären, für die Amselmama."

„Karlchen, du schaust zu viel Fernsehen. Das ist echt nicht dein Ernst, oder?"

„Doch, doch! Überleg doch mal. Das wird ein Spaß und wir tun noch einen guten Zweck. Stell dir doch mal vor, wenn das kein Einzelfall ist. Wenn das noch mal passiert. Dann haben wir womöglich einen Serientäter hier irgendwo. Das müssen wir verhindern."

„Karlchen, DU spinnst?"

Ich lächelte.

Karlchen schaute mich ernst und völlig von sich und seiner Aussage überzeugt, an. Er glaubte wirklich an das, was er sagte.

„Und, Kleine, machst du mit?"

Wie er dastand, wie er schaute, wie sicher er sich war und wie überzeugt von sich und seiner Sache … ich konnte nicht anderes als ihm ein „Ja, ich mache mit", zuzuraunen.

Er war überglücklich und bekam das Grinsen gar nicht aus seinem Gesicht.

„Also, dann ist es eine beschlossene Sache, dass wir der Amselmama helfen?"

„Ja Karlchen, beschlossen und verkündet."

„Super, dann haben wir eine Entscheidung getroffen und werden jetzt alles Nötige tun, um herauszufinden, was den kleinen Amselbabys passiert war und wie sie gestorben sind."

Karlchen und ich sind dann hochwichtig zu unserem Esstisch gegangen.

Mama wunderte sich extrem, warum wir zwei unter dem Tisch saßen und voll geheimnisvoll tuschelten.

Aber unsere Ellis saßen bei wichtigen Gesprächen auch immer an diesem Tisch. Und weil wir nie gewagt hätten, so von allein auf die Stühle zu springen, was ich im Übrigen wegen meinem Rücken sowieso nicht durfte, saßen wir eben unter diesem Rede-Tisch.

Mama wunderte sich sowieso über nix mehr.

Und in dieser Stunde, so liegend unter dem Redetisch war das Projekt ‚WIR HELFEN DER AMSEL' geboren.

Der Fall wird gelöst

Es mussten nun viele Dinge erledigt werden, nachdem wir beschlossen hatten, der Amselmama zu helfen.

Karlchen hatte schon in seinem Kopf eine Liste gemacht. Er konnte sich nämlich super Dinge merken. Er hatte so einen genialen RAM Speicher. Wenn er einmal etwas hörte, *zack*, dann war das gespeichert. Das hatte viele Vorteile, die wir jetzt auch nutzten. Der wirklich unangenehme Teil war, den Platz wo die Vogelbabys gelegen hatten, also den Tatort, noch einmal genau unter die Lupe zu nehmen. Wir hatten jetzt einen Plan und wir mussten das alles umsetzen.

Wir gingen zu Mama. Das stand nämlich ganz oben auf unserer Liste. Vor allem anderen.

Karlchen wollte das Gespräch mit ihr führen.

„Du Mama, können wir kurz mal was besprechen?"

Mama stand in der Küche und schnitt gerade Hähnchen in Stücke. Das roch so wunderbar. Fast hätte ich vergessen, weswegen wir hier standen.

„Ja, ihr Mäuse, wollt ihr Hühnchen. Bestimmt, ne? Das habt ihr wieder gerochen, ihr beiden."

„Mama, neee. Wir müssen was besprechen, aber ohne den Rede-Tisch, geht das."

Sie legte das Messer weg, nahm ein Stückchen vom geschnittenen Huhn, bückte sich und gab jedem von uns ein wunderbar duftendes Stück von dem Fleisch.

Karli, noch kauend, plapperte weiter.

„Du, wegen der Amselbabys, die wir gestern begraben haben, können wir noch einmal in den Garten, wir müssen da was schauen. Wir haben das der Amselmama versprochen, weißt du."

„Karlchen, du redest in Rätseln, außerdem ist dir das halbe Stück Huhn beim Sprechen aus dem Maul gefallen."

„Mama, egal ... können wir? Ich passe auch auf Souki auf, versprochen."

Sogleich ging sein Kopf nach unten und er pickte die Reste des Huhns auf.

„Wenn du aufpasst, dann könnt ihr langsam und ruhig in den Garten. Du weißt, dass Souki nicht laufen und nicht rennen darf."

„Versprochen. Ich pass auf die Kleine auf."

Mama machten die Terrassentür auf und trug Souki die drei Stufen zum Rasen runter.

„Wenn ihr mich braucht, ruft mich Karli, ja?"

„Jo, mache ich."

Geschafft. Ich hatte ja nicht viel zu tun gehabt. Ehrlich gesagt, hatte ich gehofft, noch ein bisschen mehr vom Huhn zu bekommen. Das werde ich nachher auf jeden Fall nachholen.

Ich bin dann mit Karli zu der Lücke in der Hecke gegangen. Der Geruch vom Tag vorher, war immer noch da. Wir Hunde haben noch wochenlang ‚Spaß' an solchen Gerüchen.

Karlchen steckte seinen Kopf wieder in die Hecke.

„Und, siehst du irgend etwas? Liegt da was rum, oder so?"

„Warte mal, ich gucke gerade."

Ich hörte Karlchen schnaufen und sehr geräuschvoll die Luft einatmen.

„Souki, kannst du mich hören?"

„Klar und deutlich, Karl."

„Ich schaue mir das hier gerade mal an. Hier liegen ganz viele Äste und ein Haufen Blätter. Da wo die beiden gelegen haben, boah der Geruch, sei froh, dass du nicht hier drin bist."

Karli schnaufte wieder.

„Kannst du noch etwas anderes sehen? Irgend etwas Verdächtiges, irgend etwas was nicht normal ist?"

„Nein, nichts, nur lose Blätter, sehr viele."

Karlchen zog seinen Kopf wieder zurück.

Ich schaute ihn an, er sah lustig aus. Ganz viele kleine Punkte waren auf seinem Gesicht.

„Schüttle dich mal Karli. Du hast so viele Plocken im Gesicht."

„Plocken? Wie? Was meinst du?"

Karlchen machte sein ICH-EKEL-MICH-FÜCHTERLICH-GESICHT und fing sofort an, sich wild zu schütteln. Erst vorne, dann hinten, dann insgesamt.

„Jetzt stell dich nicht so pussihaft an. Alles gut, es ist weg!"

Karlchens Gesicht war immer noch verzogen und erst allmählich entspannte er sich.

„Was war das denn, Souki, ekelhaft, sag ich dir."

„Irgendwas von den Blättern, so kleine Pollendinger, glaube ich."

„Geht gar nicht, ist ja überall das Zeug."

Er schüttelte sich noch einmal sehr ausgiebig und war dann abschließend mit all dem Geschüttel und dem Ekelgesicht, wohl wieder zufrieden.

Ich sah ihn an, eher fragend.

„Und, du Sherlock Holmes der Bulldoggen, was ist jetzt dein Fazit?"

Karlchen machte ein hochwichtiges ich-überlege-Gesicht.

„Also ehrlich, überall Blätter, kleine Äste, auch auf dem Weg. Das sieht so aus, als wenn die kleinen Amselbabys irgendwie runtergefallen sind."

„Du, Karl, der Nachbar hat doch vor ein paar Tagen die Hecke geschnitten, so richtig viel. Weißt du noch? Mama war doch auch so sauer, weil wir erst Juni haben. Da darf man doch noch gar nicht so viel abschneiden. Erinnerst du dich. Die Hecke vom Nachbarn hat ja fast gar keine Blätter mehr."

„Hm, jetzt wo du es sagst. Vielleicht hatte die Amsel ja da ihr Nest. Und die Babys sind gestört worden, das Nest ist dann mit abgeschnitten worden und die Babys haben sich so erschrocken, dass sie runtergefallen sind. Hier bei uns. Das erklärt auch die vielen Blätter. Warte mal, ich versuch noch einmal durch die Hecke auf den Weg zu schauen."

Karlchens Kopf verschwand wieder in der Hecke.

Ich hörte sein Grummeln. Viel mehr nicht, da die Hecke fast alles von seinen Lauten verschluckte.

„Souki", eher leise hörte ich ihn.

„Ja, ich bin hier. Und, siehst du mehr?"

Grummeln und unverständliches Geraune kamen aus dem Innern der Hecke bei mir an.

Dann sah ich Karlchen wieder ganz. Er hatte schon wieder diese ganzen Plocken im Gesicht. Ich nickte ihm kurz wissend zu.

„Karl, die Plocken!"

Karlchen schüttelte sich wieder sehr ausgiebig und für meine Verhältnisse viel zu lang.

„Karlchen, es reicht. Es ist alles weg, glaube mir."

„Souki, also wenn ich alles ..."

Er schüttelte sich wieder.

„Mist Dinger, die!"

„Karlchen, da ist nix mehr, echt nicht."

„Also, wenn ich alles ... ist wirklich alles weg, Kleine? Also, boah, ich ekel mich so. Alles in allem, Souki, wird es daran wohl liegen. Ich konnte die Hecke vom Nachbarn sehen. Da sind viele Vögel, die dort sitzen und herzzerreißend weinen, echt. Ich könnte kotzen. Unsere zwei kleinen Amselbabys hatte wohl das gleiche Schicksal ereilt. Schrecklich. Echt schrecklich."

„Oh Mann, gar nicht gut. Mama hatte ja auch schon die Befürchtung. Sie füttert doch immer die Vögel. Und seit zwei Tagen oder so, ruft sie immer und es kommen weniger. Der olle Nachbar! Der weiß gar nicht, was er den kleinen Piepmätzen antut."

„Nee Souki, das hat nichts mit Wissen zu tun. Das ist solchen Zweibeinern egal. Völlig egal! Hauptsache die Hecke ist wieder schön kurz und gerade. Kaum ein Blatt dran, da hat man dann weniger Arbeit im Herbst. Dass aber ganz viele Tiere genau diesen Schutz brauchen, das interessiert die einfach nicht. Traurig, wirklich traurig."

Ich war geschockt, tieftraurig und irgendwie fassungslos.

Das war einer dieser Momente, wo keiner von uns einen Ton sagte. Es war wie ein grauer Schleier, der sich unmittelbar nach der Erkenntnis fast merklich in der Luft manifestierte und es schier unmöglich machte, diese Stille mit nur einem einzigen Laut zu durchbrechen.

Unendlich lange dauerte dieser eine Moment.

Ein Moment, wo die Stille hörbar und auch fühlbar war.

Die Wahrheit für die Amsel

Unmittelbar nach dieser Stille durchbrach eine Folge von Tönen, die aus der Luft kamen, diesen Moment.

Dann hörten wir es piepsen. Dann, wieder eine kurze wunderschöne Folge von Tönen. Ich ahnte bereits, wer uns da begrüßte. Die Amselmama.

Sie flog in einem hohen Bogen, kreiste einmal über uns und landete dann mit einem kleinen Abstand vor uns auf dem Rasen.

„Hallo, ihr."

Gott sei Dank, dass sie die Stille durchbrochen hatte.

Ich hätte es nicht fertiggebracht.

„Hallo", rief ich ihr entgegen.

„Ihr tut mir immer noch nichts, oder?"

„Nein. Alles gut, komm ruhig näher."

Die Amsel kam vorsichtig näher gehüpft.

Ihre Augen blickten immer noch traurig. Ihr Verlust musste sehr schlimm für sie sein. Ich wusste gar nicht, wie Karlchen und ich ihr das erzählen sollten. Ihr das beibringen, dass der Mensch wieder einmal schuld war, dass wir Tiere so leiden mussten.

„Ich habe keine Angst, ich freue mich richtig, euch wiederzusehen. Ich habe euch beobachtet, von eurer Hecke aus."

Was klang ihre Stimme schön. So wunderschön. Ich glaube die Amsel könnte mir den ganzen Tag Geschichten vorlesen, mit dem wahnsinnigen Klang in ihrer Stimme und ich wäre glücklich.

„Echt, ich glaube, ich wusste das, ich habe dich manchmal gehört und gefühlt."

„Ja, ihr seid wirklich nette Hunde, wisst ihr. Ihr jagt mich nicht, lasst mich in Ruhe und das ist schon mal gut. Sagt mal, habt ihr schon irgend etwas herausgefunden, wegen meiner Babys?"

Ich schluckte hörbar. Auch Karlchen merkte man die Anspannung an. Wir wussten nicht so recht, welche Worte wir benutzen sollten.

„Ihr seid so still. Das ist kein gutes Zeichen, oder?

Die Amsel trippelte auf der Stelle, so als wenn sie aufgeregt wäre.

„Nein, du liebe Amsel, das ist nicht gut. Weißt du, Karlchen und ich haben uns lange unterhalten, wir waren sogar bei unserer Mama und haben alles mit ihr besprochen. Wir haben uns hier, wo wir deine Babys gefunden haben, umgeschaut. Sogar den Weg haben wir inspiziert."

„Und, was ist dabei rausgekommen? Ihr macht es aber sehr spannend. Nicht auszuhalten, diese Ungewissheit. Wisst ihr, ich habe auch nochmal geschaut. Mein Nest, wo ich meine zwei Kleinen aufgezogen habe, ist verschwunden, einfach weg.

Meint ihr, dass das mit der ganzen Sache auch zu tun hat?"

Karlchen reckte sich ein wenig. Sein Kopf ging höher.

„Amsel, wir haben echt alles gecheckt. Also das mit deinem Nest, hängt tatsächlich damit zusammen. Wir haben herausgefunden, dass der Nachbar seine Hecke, wo du dein Nest hattest, vor ein paar Tagen geschnitten hat. Und zwar so doll, dass fast keine Blätter mehr dran sind. Diese Blätter und etliche Äste, kleine und große, haben wir dort gefunden, wo deine Babys lagen. Dein Nest ist auch abgeschnitten worden. Vermutlich wollten deine Babys zu dir, also zum Nest. Vielleicht sind sie von der langen und lauten Heckenschere erschreckt worden. Sie sind dann mit den Ästen und den Blättern zu Boden gefallen. Leider haben sie es nicht geschafft, fort zu fliegen. Leider. Es tut uns sehr, sehr leid."

„Auch mir tut es leid, kleine Amsel."

Ich hätte gerne tröstend meine Pfote um die kleine Amsel gelegt. Aber vielleicht hätte sie es als Angriff aufgenommen. So versuchte ich mit Blicken und einem aufmunternden Kopfnicken meinen Worten ein wenig Nachdruck zu verleihen.

„Es ist so traurig."

Die Amsel fing an zu weinen.

Es hörte sich an wie ein wunderschönes, aber trauriges Lied. Nur wer die Hintergründe wusste, konnte es deuten.

Sie unterbrach ihr Lied.

„Ich danke euch. Ich danke euch für alles. Ihr habt sie gefunden und sie würdevoll begraben. Nicht wie viele Menschen einfach weggetreten. Ihr habt herausgefunden, was passiert ist mit meinen Babys. Ich bin voller Trauer und ich frage mich, warum die Menschen so handeln. Haben die denn keine Ehrfurcht vor Leben?"

Ich schaute sie an.

„Nein! Karli und ich haben uns auch schon darüber unterhalten. Ehrfurcht haben DIE nicht! Das ist so wie, mir ist es egal welche Konsequenzen mein Tun hat, Hauptsache mir geht es gut. Schlimm, oder? Ich, äh wir, verstehen dich sehr, sehr gut. Kleine Amsel, wenn du ein Nest bauen willst, also in nächster Zeit, tue es doch in unserer Hecke. Mein Papa und meine Mama legen viel Wert auf die Natur und sie haben Ehrfurcht vor dem Leben, auch vor dem kleinsten. Meine Mama bückt sich sogar wegen einem Regenwurm, der mitten auf dem Weg liegt, damit er nicht totgetreten wird."

Dann sind eure Mama und Papa, wie ihr sie nennt, Menschen die ich schätze. Selten Spezies eure beiden."

„Du kennst sie, meine Mama ruft morgens immer mit so einem bestimmten Pfeifton, der nicht so hübsch ist wie deiner, nach euch, wenn sie eure Körner und so in das Vogelhaus tut."

Die Amsel legte den Kopf ein wenig schief. Das sah fast so aus wie bei Karlchen, wenn er Mama überreden will.

„Ich kenne sie. Ich kann mir zwar keine Gesichter merken, aber ich kenne ihr Pfeifen, wenn sie frisches Futter ins Häuschen gelegt hatte. Ich sehe sonst immer nur zu, dass Fressen zu holen und immer auf der Hut zu sein, wegen irgendwelcher Angriffe. Da habe ich gar keine Zeit mir alles genau anzuschauen."

„Vor ihr brauchst du echt keine Angst zu haben. Die würde sich eher selbst einen Arm abhacken, als euch zu verschrecken oder gar weh zu tun."

„Ich werde ihr noch danken, auf meine ganz spezielle Art. Karlchen und Souki, war das richtig? Also eure Namen? Ich danke euch, herzlich und wir werden uns wiedersehen. Versprochen! Ich denke an euch, wenn ich über euren Rasen fliege. Ihr werdet mich erkennen. Und nun muss ich weiter, Ciao ihr zwei."

Und ehe Karlchen oder ich noch irgend etwas sagen konnte, breitete sie ihre Flügel weit aus, trippelte ein paar Schritte und hob ab. Sie flog höher und machte einen Bogen und flog noch einmal über unsere Köpfe hinweg. Dann war sie verschwunden.

Karlchen schüttelte sich wieder.

„Karlchen, du kannst jede Situation echt kaputt machen. Da sind keine Plocken mehr zu sehen!"

„Okay, ist ja schon okay. Irgendwie fühle ich noch welche. Souki, haben wir das nicht meisterlich gelöst? Genial, oder?"

Ich glaubte das Alles nicht wirklich. Wir drehten uns um und wollten zu Mama. Da hörten wir ein ganz liebliches Singen über uns.

Ich blieb stehen und schaute nach oben. Ich meinte, ganz oben in dem Baum, sehr hoch auf jeden Fall, sah ich unsere kleine Amsel. Sie sang so schön und mit so viel Liebe, dass ich in dem Moment wusste, das tat sie nur für uns.

Mama erschien oben an der Tür, um mich nach oben zu tragen. Karlchen folgte uns.

„Was ist das für ein wunderschöner Gesang?"

Mama setzte sich auf einen der Stühle, hielt mich auf dem Schoss fest und lauschte.

Karlchen setzte sich zu Mamas Füßen und hob ebenfalls den Kopf.

„Mama, das ist die Amsel! Wir haben alles geklärt, mit den Babys und so. Alles ist gut jetzt. Die Amsel singt gerade nur für uns, als Dankeschön.

„Nur für uns? Das ist wahrlich ein wunderschönes Geschenk von der Amsel."

Mama lauschte weiter und während sie dies tat, streichelte sie mir meinen Kopf.

Das Singen der Amsel ging noch eine ganze Zeit. Irgendwann verstummte es und auf einmal flog sie über den Rasen, mit einem schwungvollen Bogen landete sie genau vor uns auf dem Boden.

Mama war im ersten Moment erschrocken, aber da wir auch so ruhig blieben, war auch sie ruhig.

Die Amsel hüpfte in Mamas Richtung. Sie blieb genau vor ihr stehen und sang noch einmal, so lieblich und gleichzeitig auch traurig ihr kleines Lied.

Ich schaute zu Mama, sie war fasziniert und lächelte. Und verstohlen wischte sie sich eine Träne aus ihren Augen.

Die Amsel reckte ihr kleines Köpfchen und sang voller Inbrunst. Als sie fertig war, schaute sie mich an.

Ich nickte ihr zu.

Mama setzte mich ganz vorsichtig nach unten auf den Boden. Fast neben die kleine Amsel, die nicht wich.

Mama drehte sich um und holte von ihren Vogelleckerbissen ein paar Nüsse. Sie hielt sie in ihrer flachen Hand, bückte sich und hielt sie der Amsel vorsichtig entgegen.

Die Amsel trippelte ein paar Schritte auf die Hand von Mama zu, ohne jegliche Angst und pickte die Nüsse auf.

Mama hielt fast den Atem an.

„Du kleine Amsel. Es tut mir so leid, dass du durch Menschenhand so viel Leid erfahren musstest. So unglaublich leid. Hier bei uns wirst du kein Leid erfahren. Hier hast du immer einen Platz zum Ausruhen und zum Essen. Auch deine nächsten Babys werden hier herzlich willkommen sein. Du kleine Amsel, jederzeit, hörst du?"

Die Amsel schaute Mama sehr intensiv und lange an. Dann hüpfte sie seitlich, breitete ihre Flügel aus und flog davon.

„War das nicht wunderschön?"

Mama hielt vor lauter Staunen, was da gerade passiert war, die Hand, die inzwischen ohne Nüsse war, immer noch flach und ausgestreckt.

Ich stupste sie zärtlich an und flüsterte ihr zu

„Mama, das ist Natur, das ist Wunder, das ist Ehrfurcht vor dem Leben. Das ist Gottes Geschenk. Nur wer jedes Lebewesen achtet, erfährt so etwas, wie du gerade."

Ich legte meinen Kopf an ihren Körper. Ich merkte wie sie zitterte.

„Ja Souki, das ist wahrlich etwas Wunderbares. Solche Momente geben dem Leben einen Sinn."

Karlchen saß immer noch wie festgewachsen auf der Stelle.

„Du, Karlchen, schau mal ... Plocken!"

Ich musste es einfach tun. Es war so verführerisch, ihn ein wenig zu necken.

„PLOCKEN! Plocken? Wo? Sag, wo Kleine?"

Er schüttelte sich und machte wieder sein ICH-EKEL-MICH-GESICHT.

Mama verstand es nicht, was da so lustig dran war.

Ich aber schüttelte mich vor Lachen.

Und als Karlchen sich sauber geschüttelt hatte, wo eigentlich gar keine Plocken da gewesen waren und als Mama immer noch erstaunt über die Dinge, die eben passiert waren, fast schon wieder zum Alltäglichen übergingen, saß ich vor unserem Vogelhäuschen. Ich blickte hoch und sah mehrere Vögel, wo Mama immer Spatzen zu sagte. Ich sah zwei größere und drei kleinere. Sie saßen alle im Häuschen. Die Kleinen plusterten sich auf, rissen ihre Schnäbel weit auf und wurden von den Größeren gefüttert. Nach kurzem Überlegen wusste ich, dass ich eine kleine Spatzenfamilie sah. Es gab auch bei den Vögeln Familien. Das hatte ich vorher so noch nie gesehen. Es war so schön anzusehen, wie sich alle verstanden, sich kümmerten und so friedvoll in dem Häuschen saßen.

Warum, überlegte ich mir gerade, haben nicht alle anderen Menschen auch so viel Glück. Zu sehen, wie die Natur lebte, wie kleine Vogelfamilien in Eintracht hier sitzen und sich einfach nur satt essen konnten.

Ich verstand die Menschen nicht, die rücksichtslos waren und Hecken so kurz schneiden, mitten im Juni.

Ich verstand nur Eines.

Ich hatte das Glück, es erleben zu dürfen.

Ich lauschte und hörte wie sie sich unterhielten.

Die kleine Spatzenfamilie.

Und in dem Moment begriff ich das Wort ‚Ehrfurcht'.

Immer wieder sonntags ...

Es war ein Tag wie jeder andere. Es war ein Sonntag. Wir sind früh morgens aufgestanden. Sehr früh morgens, weil es so heiß war, da draußen.

Mama sagte, dass es heute ein Backofentag werden würde.

Ich konnte damit nix anfangen. Aber in den letzten Tagen war es wirklich sehr, sehr warm. Den morgendlichen, immer noch kleineren Spaziergang mit Papa, hatte ich volle Kanne genossen. Erst war ich dran und dann ist der Papa mit Karlchen losgegangen. Dann noch ein leckeres Frühstück, so dachte ich es mir, wartend auf Karlchen.

Mama machte schon in der Küche die Klappergeräusche. Aber komisch, dachte ich bei mir, irgendwie habe ich gar nicht so den richtigen Hunger. Normalerweise gehe ich, wenn das Geklapper anfängt, sofort zu ihr, wegen der kleinen Häppchen, die sie mir dann gab. Da ist Mama Gönnerin und ich konnte mich da auch voll drauf verlassen. Aber heute legte ich mich sofort in mein Lieblingskörbchen vor der Haustür und schaute aus dem kleinen Fenster, ob ich Karlchen und Papa noch sehen konnte.

Es dauerte eine ganze Weile. Papa machte heute wohl eine längere Runde mit Karli. Ich lag wartend dort, still und merkte irgendwie, dass es mir nicht gut ging. Ich konnte es nicht beschreiben. Ich fühlte mich einfach doof.

Durch mein kleines Guckfenster sah ich Papa und Karlchen die Treppen hochgehen, zur Haustür. Ihre große Runde war beendet. Ich stand auf und begrüßte sie schon an der Tür. Dann gab es unser Frühstück, aber auch Mamas lautes Rufen ließ mich kalt.

Sie kam zu mir und lockte mich mit dem frischgekochten Hühnchen. Aber keine Chance, da blieb ich hart. Wenn ich mich so fühlte, dann wollte ich nichts, noch nicht einmal Hühnchen.

Ich merkte spontan, sozusagen sofort, dass Mama wieder ihren komischen Geruch bekam. Angst. Ist ja auch völlig verständlich, wegen diesem blöden Tag im Mai, wo ich es im Rücken bekam. Ich entschied mich ebenso spontan, ihr den Gefallen zu tun, einmal kurz zu meinem Fressnapf zu gehen und wenigstens zu schnüffeln. Obwohl tief in mir drin, wirklich kein Hungergefühl da war.

Ich tapste los, zu meinem Napf, roch einmal daran und kehrt marsch zurück zu meinem Körbchen. Nun, ihr wisst es, ihr kennt meine Mama inzwischen auch sehr gut, ne? Angstgeruch. Klar, dieser Geruch von ihr war überall. Ich wollte einfach nur liegen und dösen.

Mama kam noch einmal zu mir, weil sie wusste, dass wenn ich da liege, weit weg von ihnen, dass irgend etwas mit mir nicht stimmte.

„Souki Maus, was ist los mit dir? Du gefällst mir überhaupt nicht."

„Mir geht's nicht so gut, Mama. Ich fühl mich blöd."

„Kleine, gestern fing es an, da warst du auch nicht so gut drauf. Und jetzt isst du auch nicht mehr. Was machen wir nur?"

Mama untersuchte mich ganz genau. Aber es war nichts festzustellen. Kein harter Bauch, etwas tiefer, da war auch alles ganz weich.

„Komm Souki, wir gehen mal in den Garten, Pippi machen."

Papa hatte mich dann rausgetragen, wegen der Stufen und der Treppe und meinem Rücken. Als er mich unten absetzen wollte, da ging auf einmal ein Schmerz durch meinen Körper, den ich nicht verheimlichen konnte. Ich bin nämlich eine Französische Bulldogge und wir sind wirklich sehr hart im Nehmen. Bevor wir einen Schmerz in die Welt hinausschreien, da musste schon einiges passieren.

Bei diesem Schmerz, da konnte ich nicht anders. Es war wie ein sehr lautes Quietschen.

Papa erschrak sofort und fragte mich, was los sei, aber hey, ich war in diesem blöden Schmerz drin und fühlte ihn überall. Ich wollte nur noch weg. Aber Papa hatte mich ja an der Leine und deshalb war mein Fluchtweg kurz. Ich schaffte es, aber wirklich nur wegen dem Drang der Blase, mich kurz zu lösen. Dann wollte Papa mich wieder auf den Arm nehmen, um mich hochzutragen. Da habe ich wieder gequietscht. Ja, ich gebe es zu. Ich habe geschrien, sogar sehr laut.

Tja, und ab da, war ich die Nummer eins. Ich wurde betüddelt und gehegt in den nächsten Stunden dieses Tages. Mama und Papa haben mich nicht aus den Augen gelassen. Aber ... ich war so müde, so unendlich müde und dieser blöde Schmerz, den ich zitternd am ganzen Körper spürte, ließen mich nicht zur Ruhe kommen.

Mama hatte dann in ihrer Verzweiflung auch noch lange mit Ramona, meiner Physiotherapeutin, gesprochen. Die Ramona hatte ganz viel gefragt und Mama hatte dann meine Hinterbeine und meinen Rücken abgetastet, weil sie wohl sehr viel Angst hatte, dass wieder etwas mit meiner Wirbelsäule und diesen Bandscheiben wäre.

In der Mittagszeit, mir ging es zusehends schlechter, wollte Mama dann bei mir Fieber messen. Ich lag in meinem Laufstall. Dies war für mich der sicherste Ort, den ich finden konnte. Karlchen betrat ihn nicht ohne weiteres, wenn ich drin lag. Er hatte vorhin einmal kurz an mir gerochen und sich dann wieder zurückgezogen.

Mama kam zu mir, so halb in meinen Laufstall rein. Sie legte das Ding, was in meinem Popo verschwand und ihr zeigte, wie warm ich bin, auf die Decke neben mich.

Sie schmierte dann so ein Zeug drauf.

„So Schatzi, ich messe mal eben deine Temperatur."

Sie legte eine Hand vorsichtig an meinen Po, nahm mein kleines Schwänzchen und dann erschrak sie. Ich hörte ihren kleinen leisen Aufschrei und roch die Panik von ihr umgehend.

„Souki, du blutest!"

Dann wurde sie hektisch. Sie hatte Papiertücher neben sich liegen. Sie tupfte und tupfte und es hörte wohl nicht auf zu bluten.

„Micha, schnell, es blutet sehr stark. Ich brauche DICH und noch MEHR Tücher."

Papa flitzte schnell los und holte noch mehr von den Tüchern. Ich drehte vorsichtig meinen Kopf. Es war nicht angenehm, wenn hinter einem so viel los war. Ich spürte keinen Schmerz, was schon mal sehr gut war. Das war anders als vorhin. Da war es so durchdringend schlimm. So voll den Druck auf meinem Po. Das war auch immer schlimmer geworden. Jetzt wo es blutete, war dieser Druck auf einmal weg.

Mama versuchte durch das Abtupfen des Blutes Herrin der Lage zu werden. Papa war am Hörer und sprach mit jemandem. Und dann … ging alles rasend schnell.

Geschirr übergezogen, Karlchen wurde zu Oma gebracht und dann hatten wir schon, ohne unseren Ausflug zu planen, eine lange Autofahrt vor uns.

Ich lag in meiner Box und wartete auf die Dinge, die da kommen sollten.

Unser Sonntagsausflug war - wie jeder der dies liest wusste - kein richtiger Ausflug. Es war die Fahrt zu einer Tierklinik.

Dort angekommen, wurde mir mulmig. Das war wie damals im Mai, mit meinen dollen Schmerzen im Rücken. Da, wo ich hinterher ohne meine Ellis aufgewacht war. Mein Klopfen in der Brust war laut „*Bumdibum dibum*", „*Bumdibum dibum*". Oh Mann, das war nicht gut. Dieses Gefühl war allgegenwärtig.

Mama und Papa rochen ebenfalls nach Angst und Verzweiflung. Aber Mama hatte noch einen anderen Geruch. Das war wie ‚entschlossen'. Sie war pure Energie. Daran hielt ich mich fest.

Wir mussten lange, sehr lange warten. Da gab es noch zwei Notfälle, die armen Kumpels! Bissverletzungen, hörte ich und da ich aktuell keine Schmerzen hatte, sondern nur diese Angst im Kopf, entschloss ich, mich ganz ruhig zu verhalten.

Nach langer, langer Zeit kamen wir endlich dran. Sie wollten mich röntgen. Aber Mama sagte „NEIN". Sie hätte da einen Verdacht, wegen der Analdrüse. Ein Röntgenbild wäre wegen meinem Rücken und meiner Angst gar nicht so gut, sagte sie weiter. Dann verzichtete die nette Frau darauf. Die Ärztin war wirklich nett und schaute sich meinen Körper an und untersuchte ihn.

Ich stand auf dem Untersuchungstisch und war eigentlich, bis auf mein Hecheln, ruhig. Es war sehr warm draußen und auch in diesem Raum bekam ich kaum Luft.

Dann untersuchte die Frau meinen Po und auch da, wo es blutete. Und *BOAH*, das tat dann weh! Hölle sag ich euch. Das war ein Schmerz vom Po bis zu meinem kleinen weißen Dreieck in meinem Nacken. Das waren höllische Qualen.

Ich erspare euch die weiteren Details.

Es wurde mit Jodlösung gespült. Es wurde getupft und es wurde gepikst. Einmal rechts in meinen Po und einmal links in meinen Po. Irgendwas wegen der Bakterien und dann etwas gegen die Schmerzen.

Meine Ellis mussten mich ganz ordentlich festhalten. Ich wäre sonst vom Tisch gesprungen. Aber ... ich habe nicht geschrien! Da lege ich großen Wert drauf. Ich war ganz tapfer.

Meine Ellis bezahlten dann den Ausflug und bekamen noch eine Tüte voll mit ganz vielen Tabletten und Spritzen mit.

Was war ich froh, dass wir kurze Zeit später wieder im Auto waren. Der Schmerz in meinem Po war erträglicher geworden und ich legte mich in meine Box und wollte schlafen.

Ich hatte dieses eine Wort im Kopf ‚Analdrüsenabzeßvereiterung'. Schon beim Denken an dieses Wort richtete sich mein Fell auf und ich zitterte. Das brauchte kein Hund und auch keine französische Bulldogge. Das konnte innerhalb von Stunden kommen.

Die Ärztin sagte zu meiner Mama

„Das ist definitiv ein Notfall. Das sind wahnsinnige Schmerzen für ein Tier. Sobald es allerdings offen ist, geht es, dann ist der Druck weg. Aber es muss behandelt werden."

Was war ich froh, dass meine Ellis so schnell reagiert haben, noch ein Tag mit diesem Pickel am Po, das hätte ich nicht witzig gefunden.

Da wurde ratzfatz aus einem Pickel doch etwas Größeres.

Leider hatte diese Tierklinik es nicht hinbekommen, auch meine Analdrüsen zu entleeren.

Als wir wieder zu Hause ankamen, hatte ich mich direkt auf meine orthopädische Matratze gelegt, damit mein Rücken schön gerade ist. Leider waren die Schmerzen an meinem Po immer noch ganz schlimm. Dieser wahnsinnige Druck dort war nicht weniger geworden.

Nach einer ganzen Zeit, wo meine Ellis mich umsorgt hatten, hörte ich eine Unterhaltung von Ihnen.

„Micha, irgend etwas stimmt nicht mit Souki. Von Karli kenne ich das wirklich anders. Sowas wird gespült und gespült bis dieser Beutel der entzündet ist, leer ist, dann kommt da ein Medikament rein, die Analdrüsen müssen auch geleert werden. Das einzige was die gemacht haben, ist da Jod reinzuquetschen und das war's."

„Hm, sehe ich genauso. Und welche Schmerzen sie hatte. Wir hatten doch keine Wahl. Das ganze Blut, man muss ja froh sein, wenn man auf einem Sonntag überhaupt jemand findet, der hilft."

„Ihr Po ist voll verschmiert und die Ärztin sagte wir dürfen auf keinen Fall abduschen?"

„Nein, das sollen wir nicht."

Mir wurde mulmig, da von meinen Ellis wieder ein unangenehmer Geruch rüber strömte. Aber dieser Geruch, gepaart mit meinen Schmerzen ließen mich leise erahnen, dass irgendetwas nicht ganz richtig gelaufen war in dieser Klinik.

Die kommende Nacht war schlimm. Meine Ellis haben mich nicht aus den Augen gelassen. Immer, wenn ich vorsichtig meinen Kopf drehte, sagten sie schon „Nein, Souki", damit ich auf gar keinen Fall mit meiner Schnauze an den Po ging. Mama sagte irgend etwas von, das würde mir die Halskrause ersparen. Egal dachte ich bei mir, es tut doch so verdammt weh … und in meinen Körper reinhörend, war wieder mein lautes *„Bumdibum dibum"* zu hören.

Am nächsten Morgen hatte der Papa nicht lange gefackelt. Um Punkt acht Uhr hatte er, weil ja heute Montag war, UNSERE Tierärztin angerufen. Da konnten wir dann auch sofort hinfahren. Mama hatte mich vorher noch kurz unter die Dusche gestellt und mir mit einem herrlich warmen Strahl, nicht zu heiß und nicht zu kalt, meinen Popo abgebraust. Was war das schön. Danach hat sie mit Jodlösung gespült und abgetupft. Da habe ich fast nichts von gemerkt. Nicht solche Schmerzen wie bei der Klinik am Vortag.

Und was soll ich euch sagen, bei MEINER Tierärztin wurde gespült und gespült, bis nichts mehr drin war in diesem Beutel, der so weh tat.

Dann wurde dieser wahnsinnige Druck weggemacht. Meine Tierärztin hatte endlich, die auf beiden Seiten prall gefüllten Analdrüsen geleert. Das war so eine Erleichterung. Dann kam eine Medizin in diesen Beutel. Und ich habe einen Pikser bekommen. Ich habe die ganze Zeit, von meinen Ellis festgehalten, ganz lieb dagestanden. Nicht so wie bei der anderen Klinik. Da sind meine Hinterbeine richtig weggegangen. Ich hatte da voll die Angst um meinen Rücken.

Ich musste übrigens zwei Tagen später wieder zu meiner Ärztin. Die mochte mich so gerne, dass ich wiederkommen durfte.

Meine Ellis haben dann super gut gerochen, richtig lecker rochen die. Und ich war super glücklich, denn mir ging es besser. Wirklich und wahrhaftig.

Ein paar Stunden später, war ich zwar unendlich müde von den ganzen Medis, aber ich merkte schnell, dass der Besuch bei meiner Tierärztin mir richtig gut geholfen hatte.

Und so, war ich um eine Erfahrung reicher.

Ein Pickel am Po und das an einem Sonntag … ist wirklich nicht erbaulich.

Meine vorletzten Worte

Ich habe lange, sehr lange überlegt, wie ich mein Buch beenden kann. Karlchen hatte es ‚seine letzten Worte' genannt, das letzte Kapitel.

Nun, ich wäre nicht Souki, wenn ich aus seinem Kapitel nicht zwei machen würde. So sind dies meine ‚vorletzten' Worte.

Ich möchte euch etwas erzählen, was ich wichtig finde.

Meine Mama hatte auf dieser Facebook Sache eine Gruppe gegründet. Eine Gruppe für Menschen, die ihr geliebtes Tier, ihr Familienmitglied verloren haben. Sie tröstet Menschen, wenn sie traurig sind. Sie spricht Mut zu, wenn das Herz ganz schwer ist. Viele Menschen stellen dort einen Nachruf für ihren Liebling rein, mit Bild und vielen traurigen Zeilen. Ich kenne viele vom Hören und vom Sagen. Dort sind Französische Bulldoggen, aber auch viele andere Lieblinge haben dort ihren letzten Platz in unserem Regenbogenland gefunden. Es gibt Katzen, Pferde und viele Hunde.

Die Menschen in der Gruppe sind wie eine Gemeinschaft, sie geben sich gegenseitig Trost und egal wie schlecht es jedem Einzelnen geht, er findet immer noch liebe, tröstende Worte für Andere.

Ich habe mir dann überlegt, dass ich in am Ende meines Buches einen Gruß ins Regenbogenland senden werde. An die, die dort über grüne Wiesen laufen, spielen und auf IHRE Menschen warten.

Ich möchte denen Menschen Trost spenden, so wie Mama, und ihre Lieblinge benennen, in einer stillen Erinnerung.

Jeder Fell-Engel hat hier seinen Platz. Einen festen Platz für eine bleibende Erinnerung, vielleicht zaubert dies ein kleines Lächeln auf eure Lippen, ihr lieben Zweibeiner.

Ich habe einmal gehört, dass 40 Jahre hier auf Erden, ein Wimpernschlag im Regenbogenland sind.

Dann müssen sie ja nicht lange warten ... eigentlich nur einmal die Augen zu und wieder auf machen.

Meine wirklich letzten Worte

Meine wirklich letzten Worte sind kurz und knapp. Jedenfalls versuche ich das.

Ich habe durch Karlchen mit seinem Insektenstich am eigenen Leib erfahren, wie schnell die Zeit vergeht und wie kurz sie letztendlich manchmal ist.

Ich selbst habe in nur einer einzigen Nacht erkannt, dass auch das eigene Leben durch besondere Umstände, manchmal eine andere Wendung nimmt. Oder, man zwar noch am Leben ist, aber nur eingeschränkt an diesem teilhaben kann.
Es machte einen anderen Hund aus mir.
Die Erfahrungen, die Erkenntnisse und die Gewissheit für das Alles, weil ICH es erlebt habe.

Ich habe mich manchmal müde gefühlt.
Manchmal war ich sehr still.
Manchmal habe ich Minuten gebraucht, um auf meine Menschen reagieren zu können.
Ich lernte, dass auch ein junger Hund eine orthopädische Matratze gebrauchen kann.

Ich bin für meine Menschen ihre Prinzessin auf der orthopädischen Matratze.

Egal wie schlecht es mir ging, ich konnte mich auf meine Ellis und mein Karlchen voll verlassen. Denen war es egal, wie schlimm mein Rücken war.

Und glaubt mir, es war so schlimm, dass ich manchmal keine Kraft mehr hatte.

Und … ich habe es geschafft! Durch Liebe, Verständnis, Mut und ganz starken Vorderbeinen, wieder auf allen vier Pfoten zu stehen.

Jeder kann das! Das, was ich da geschafft habe, ist kein Kunststück, sondern eine Aneinanderreihung von vielen Faktoren positiver Aktionen. Will damit sagen, ganz viele positive Dinge, die wir machen oder auch nur in Bewegung setzen, kann dazu führen, dass eine bestimmte, ganz schlimme Situation, besser wird.

Ich wünsche allen Zweibeinern und Vierbeinern, eigentlich allen Lebewesen, die auf dieser Welt sind, Liebe und Zufriedenheit und Verständnis für das Gegenüber. Manchmal reicht ein kleines Lächeln aus, um einen anderen glücklich zu machen.

Also … lächelt ihr Menschen … und denkt manchmal an mich, die kleine Französische Bulldogge Souki. Das würde mich freuen.

Und damit schließe ich dieses Buch, mein eigenes Buch, mit meinem Bild vorne drauf.

Ich verabschiede mich für heute ... mit einem dicken Bussi, so wie ich das immer mache.

Eure
Souki
die Prinzessin auf der orthopädischen Matratze

ENDE

Epilog von Souki

Es kann sein, dass ihr während des Lesens geweint habt. Dann möchte ich euch sagen, wer liest und dabei weint, der hat ein Herz, das auch *„Bumdibum dibum"* macht. Genau wie meines. Das ist nicht schlimm. Es ist sogar gut. Dann merkt man, dass die Welt doch nicht so hart und ungerecht ist.

Wenn ihr gelacht habt oder vielleicht nur gelächelt, ist das auch gut. Denn manchmal hat man nicht viel zum Lachen.

Genau wie mein Karlchen, möchte ich nach dem Erzählen meiner Geschichten eine Kerze anzünden. Für alle Tiere, die es nicht so gut haben wie wir.
Ich denke an euch in euren dunkelsten Stunden und auch so. Ich würde mich freuen, wenn auch nicht Tierbesitzer dieses Büchlein lesen würden und feststellen, dass wir ein Herz haben, das Lieben und Trauern kann.

Epilog von Claudia

Auch ich finde die Zeit wie ein Mysterium. Man kann sie zwar messen, anhand von Zeitmessern, wie der Uhr am Handgelenk, jedoch ist wirklich ein Mensch gesegnet, der dies nicht braucht.

Was ist schon Zeit? Souki fragte sich das ebenfalls. Diese unbesonnene Art mit dem Druck der Zeit so umzugehen wie sie, ist wahrlich eine begnadete Art das Leben zu leben.

Mit meinem Herzen habe ich dieses Buch geschrieben, mit all meinen Sinnen.

Unsere Souki hatte bei ihrem akuten Bandscheibenvorfall eine Überlebenschance von unter zehn Prozent. Das ist wenig, sagen die Einen. Wir, mein Mann Michael und ich, haben uns davon aber nicht abschrecken lassen und mit Souki gekämpft.

Es war nur ein kleiner Blick zwischen uns, der uns sagte: wir nehmen den Kampf auf.

Unsere kleine Kämpferin hat uns jede Sekunde gezeigt, dass sie leben will.

Ich kann nur sagen: mit viel Mut, viel Kraft, einer großen Portion Herz, viel Liebe und als Mensch mit ganz starken Armen, haben wir es geschafft!

Es lohnt sich, NIE aufzugeben.

Französische Bulldoggen sind kleine und starke Persönlichkeiten. Sie strotzen vor Kraft und Energie. Dieses gepaart mit dem ganzen Willen des Menschen und der grenzenlose Liebe … kann Berge versetzen.

Wir hätten nie aufgegeben, auch wenn die Kraft begrenzt ist.

Ich möchte den Menschen Mut machen, die ein Familienmitglied mit Fell haben.

Es geht immer weiter … das Leben.

Es braucht Mut … das Leben anzunehmen.

Uns hat keiner versprochen, dass es einfach sein wird.

Deshalb genießt jede Sekunde … mit allen Fasern eures körperlichen Seins.

An dieser Stelle möchte ich, Claudia, noch ganz besonders folgenden Menschen danken, die mir in einer sehr schweren Zeit mit unserer Souki beigestanden haben.

*Mein **Dank** geht an Anja, Geli, Susanne und ganz besonders … an meine Mama!*

In stiller Erinnerung:

... an alle Seelentiere, die uns verlassen mussten ...

*Eure Menschen vermissen euch und schicken **all ihre Liebe** ins Regenbogenland, zu jedem einzelnen ...*

Unsere Fell-Engel und wann sie vorausgegangen sind
(in alphabetischer Reihenfolge)

Aimee	29.01.15
Aline	22.07.91
Alpha	15.08.90
Amy	06.07.17
Andro	12.07.98
Angel	21.06.18
Angie	26.12.17
Anton	29.11.10
Anton	12.08.16
Armani	29.03.18
Askja	05.07.02
Atos Angels Surprise	11.06.14
Ayla	17.07.18
Aysha	05.02.10
Bacon	19.12.17
Baffie	10.08.87
Barny	16.07.10
Beauty	27.06.14
Ben	14.10.10

Bess 27.03.17
Betty 10.06.11
Bijou 14.06.04
Blacky 20.12.17
Blümchen 23.12.13
Bo 20.02.18
Bolle 20.08.16
Bronko 19.11.15
Buddy 17.03.18
Candy 17.07.17
Carisma 08.04.17
Carlos 06.01.16
Carlos 22.11.16
Carlos 02.06.17
Charles 11.06.06
Chelsy-Maus 22.12.17
Chicco 16.06.18
Cooper 30.03.17
Daffy 02.11.01
Daisy 17.07.15
Diego 25.04.17
Don 31.07.17
Duchess 26.08.17
Eddie 19.07.16
Eddy 30.05.18
Elvis 22.06.18
Emma 31.07.15
Emmi 03.01.17
Fanny 04.03.18

Finesse	*20.08.17*
Flohi	*31.08.17*
Frida	*01.09.17*
Gina	*12.04.12*
Gizmo	*22.02.18*
Hannibal	*21.07.17*
Heinrich	*10.06.18*
Hermann	*13.05.11*
Horst	*09.04.18*
Hugo	*24.06.18*
Ice	*13.12.16*
Ilow	*27.10.17*
Jack	*22.02.17*
Jack	*12.11.16*
Jake	*25.05.16*
Jessy	*24.07.11*
Joy	*28.07.06*
Joy	*15.10.15*
Kalle	*12.12.17*
Kimba	*28.01.18*
Kira	*05.07.17*
Kira	*22.10.17*
Lara	*23.05.14*
Layla	*04.10.14*
Lennox	*08.04.18*
Leonie	*26.02.11*
Lilly	*17.02.16*
Lolla (Hase)	*27.07.16*
Lucky	*28.11.14*

Lucky	*04.04.18*
Lucy	*21.09.11*
Lulu	*24.05.18*
Luna	*25.08.17*
Luna	*01.05.18*
Luna	*09.12.17*
Mailo	*08.11.17*
Mandy	*04.02.15*
Manni	*23.01.17*
Marlene	*09.09.17*
Meggy	*30.06.16*
Merlin	*12.06.12*
Miezi	*Nov 11*
Milka	*21.06.18*
Monchi	*06.05.18*
Monty	*27.06.18*
Mr. Grey	*20.02.18*
Mr. Ohlson	*19.01.18*
Nala	*14.09.17*
Nando	*29.10.11*
Nanouk	*17.01.12*
Odin	*26.04.16*
Orlando	*26.04.18*
Oskar	*06.03.17*
Paco	*02.01.18*
Paul	*19.08.17*
Paul	*22.11.10*
Peanut	*24.10.17*
Poldi	*18.09.15*

Püppi 18.02.02
Rico 11.06.12
Sam 12.01.15
Senta 16.08.96
Snake 19.06.15
Snoopy 18.04.18
Spike 07.07.14
Stu 09.07.17
Suki 18.03.17
Thea 13.03.18
Thor 03.04.16
Tschuko Engels 01.04.18
Tyson 13.02.15
Tyson 26.01.18
Ursus von den Haflingern 31.03.18
Vito 10.12.17
Watson 05.01.17
Wilson 05.12.13
Xantos 21.08.17
Yuri 04.03.16
Zeus alias Pumba 06.06.18

Ungekürzte Taschenbuchausgabe
August 2018
Copyright © 2018 Claudia Otte, Wibbeltweg 32, 48366 Laer

Foto und Fotobearbeitung: © Michael Otte
Druck und Bindung: Amazon Media EU
S.à.r.l., 5 Rue Plaetis, L-2338 Luxembourg

Das Werk, einschließlich seiner Teile, ist urheberrechtlich geschützt. Jede Verwertung außerhalb der engen Grenzen des Urheberrechtsgesetzes ist ohne Zustimmung des Autors unzulässig. Dies gilt insbesondere für die elektronische oder sonstige Vervielfältigung, Übersetzung, Verbreitung und öffentliche Zugänglichmachung.